教子家书

杜克生　编著

中国石油大学出版社
CHINA UNIVERSITY OF PETROLEUM PRESS

山东·青岛

图书在版编目（CIP）数据

教子家书 / 杜克生编著 . —青岛：中国石油大学
出版社，2015.7（2020.10 重印）

ISBN 978-7-5636-4839-9

I. ① 教⋯ II. ① 杜⋯ III. ① 家庭教育 IV. ①G78

中国版本图书馆 CIP 数据核字（2015）第 153378 号

书　　名：教 子 家 书
　　　　　JIAOZI JIASHU

编　　著：杜克生
- -
责任编辑：吕华华（电话 0532 — 86981537）
封面设计：青岛汇英栋梁文化传媒有限公司
- -
出 版 者：中国石油大学出版社
　　　　　（地址：山东省青岛市黄岛区长江西路 66 号　邮编：266580）
网　　址：http：//www.uppbook.com.cn
电子邮箱：zyepeixun@126.com
排 版 者：青岛汇英栋梁文化传媒有限公司
印 刷 者：青岛国彩印刷股份有限公司
发 行 者：中国石油大学出版社（电话 0532—86983560，86983437）
开　　本：710 mm × 1 000 mm　1/16
印　　张：14
字　　数：228 千字
版 印 次：2015 年 7 月第 1 版　2020 年 10 月第 2 次印刷
书　　号：ISBN 978-7-5636-4839-9
定　　价：38.00 元

中国的学生家长重视家庭教育的传统,源远流长,"昔孟母,择邻处,子不学,断机杼"就是古人倾心家教的经典案例。现在的家长,对于家庭教育的重视更加普遍,对于家教的用心用力,和古人相比有过之而无不及。但是,一般来说,绝大多数家长都把家教的重点放在孩子的小学、中学阶段,一旦孩子考上大学,离开父母,除了经济上的支持,有些家长就对孩子放任自流,缺乏有效沟通和引导、教育,因此也造成有的孩子成长过程的"失误"。此外,由于种种原因,有些家长也不知道怎样才能帮助孩子解决在大学期间思想、做人、生活、学习、工作等方面的困惑。《教子家书》为大学生家长的家庭教育提供了一个很好的范例。

该书信集的作者在四年大学的全过程中,从思想、做人、生活、学习、工作等诸方面都尽心尽力给孩子以针对性的指导,尤其是当孩子面临具体问题的时刻更是如此。具体地说,该书信集具有下面几个特点:第一,紧扣时代脉搏,结合党、国家、社会形势对孩子进行政治和思想教育,突出了"个人前途与党和国家的命运紧密相连"的观点,引导启发孩子,关心社会、关注人生。第二,家长很重视和孩子的相互交流。例如,有的书信是家长自我剖析思想、言论、行为,而且解剖差距,让孩子评判尤其是借鉴。有的书信是家长针对孩子写给家长的书信和孩子进行交流,有针对性地对孩子加以指导。第三,在需要对孩子加强指导的重要阶段、关键时刻,家长都会和孩子及时深入地交流,给孩子以系统的帮助。全过程指导孩子参加留学生选拔就是很好的例证。第四,在整个大学学习过程中,自始至终强调了对于优秀传统文化的学习、继承和发扬。例如,按照从大一到大四的顺序,该书信集以多种形式依次安排了《大学》《论语》《孟子》《中庸》的学习任务。第五,把"成功大师"李开复写给中国学生的系列书信结合大学生活的历程穿插在该书信集的相应位置一一做了介绍,便于孩子系统地学习、借鉴。第六,在有关书信中还引用了其他相关资料,这些资料,除了教育意义,单从知识的学习来看也是很有价值的。第七,在有关书信后面还附寄了其他相关资料,对书信内容起到了补充、强调作用,增强了教育效果。第八,在每学期书信后列出了推荐阅读的相关资料。由于著作权、版权、篇幅等原因所限,本书没有把这些资料原文刊登,如果读者根据书信中的提示搜集学习,相信会有更多的收获。第九,有些重要的观点在孩子大学生活的不同阶段反复强调,对培养孩子确立正确的价值观、人生观起到了积极的强化作用。第十,从书信中可以看出孩子一步一个脚印,不断进步、全面进步的成长轨迹,印证了孩子的成长和家庭教育具有密不可分的关系。

学生家长阅读这本书,最起码可以在如何与孩子有效沟通、交流方面受到启发;大学生阅读这本书,可以借鉴书信的内容,学习如何正确面对各种矛盾,如何正确处理各种问题,把心思放到学业上,不断提升自己的综合素质,使自己不断进步。

当然,该书信集内容不一定适合所有学生,有些方法也值得商榷,而且,作为大学生,家长"干涉"太多也可能对孩子独立能力的锻炼有消极作用。但是,家长对孩子大学期间的这种关注,对孩子持之以恒的责任心,大处着眼、小处着手培养孩子的原则和要求孩子全面成长的指导思想,值得借鉴。

相信这是一本既适合学生家长也适合学生阅读的书。

田建国
2015年7月1日

目录

CONTENTS

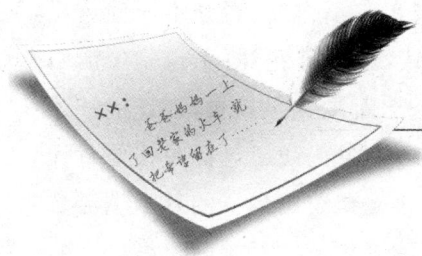

大一篇

大一上学期

写在开学季

××：

爸爸妈妈一上了回老家的火车，就把希望留在了学校，把牵挂装在了心里。

可能是你刚刚离开我们身边的缘故，可能是你年龄比较小的缘故，也可能是我这些年来对你"过问得多"了的缘故，心里总是牵挂你。为了控制情绪，我就提醒自己：战争年代，千千万万优秀的年轻人，其中不乏富家子弟、大家闺秀，为了理想和信念，四海为家，不仅受尽了苦难，还有许许多多的人付出了宝贵的生命；生活困难时期，多少优秀的青年失去了深造成才的机会；现在的安全环境、物质条件是过去无法比拟的，而且国家改革开放的程度越来越深，这给你们成才创造了绝佳的机会，家长还有什么不放心的？想到这些，我心里就踏实平和多了，甚至为你有这样的机会感到欣慰。

远离父母，生存能力就显得尤为重要。我的观点是：生存能力是人的第一能力。我这里所说的生存能力，主要是指你们在外地求学的学生的生活自理能力。首先，你要注意过简约而有规律的生活。所谓简约，就是我过去常说的"吃穿住行，没有不行，基本满足就行"——不能把追求生活质量作为人生第一甚至唯一的目标；所谓有规律，就是平时要把主要精力放在学习和工作上，除非急需，否则一般都要利用周末来处理个人生活琐事。其次，要注意自己的事情自己做。比如洗衣服，我到一些大学去，多次发现一些大学生衣服脏了就花钱到洗衣房去洗。我想，除非时间实在紧张，或者一些大件衣服自己洗起来实在不方便，否则不应该这样做。再次，要学会花钱。我历来的观点是：不怕花钱，就怕乱花钱；不论是生活中花自己的钱还是工作中花集体的钱、国家的钱，花起来都要掂量掂量，该花的钱才能花——一个人对钱的态度往往决定他一生的走向。会花钱还包括花钱要有计划，我会每月10号向你的卡里充钱，你收到钱以后首先要留出当月的基本生活费用——生存是基础，否则学习和工作都无从谈起。建议你从一开始就记好自己的收支账目，这样做，除了锻炼你生活的计划性，也会让你从中看出家长供养一个大学生付出的"代价"，从而提醒你简约生活，努力学习和工作，不辜负家长的期望。

我还要嘱咐你，不仅万事开头难，而且在你大学四年的生活、学习、工作过程中，会遇到这样那样的挫折。一旦出现挫折，一定不要气馁，要有豁达的胸怀、顽强的意志、充分的自信心——你选择了这条通过学业创造事业的人生道路，就要坚持理想信念不动摇。今天早上我给你发的短信：其实人生最重要的在于追求的过程，我追求了，我付出了，他人对我无怨，我对自己无悔，所谓尽心尽力、无怨无悔。我多次说过，现实中，有多少人在人生之初雄心勃勃，大有不做出一番事业不罢休的气概。然而，他们有的碰了几次钉子就萎靡不振，受了几次挫折就意志消沉，久而久之降下了人生进取的信念风帆；有的在经过努力后仍然觉得理想的顶峰遥不可及，加上遇到现实中的很多诱惑，慢慢地消失了当初的锐气，也就"平平"了下来。事实上，虽然人生苦短，可只要我们的信念不改，坚持不懈地努力，几年、十几年、几十年以后，谁敢说我们就不能成功？可以说，信念是一个人生命中的绿洲、前进道路上的指路灯，无论是在顺境之时，还是在逆境之中，只要坚定了它，就能激励你坚持不懈地努力，直至走向成功。

客观地讲，到目前为止，总的来看你取得的成绩还是理想的，而且如果不是因为年龄偏小，你很有可能在高中就加入党组织了。公正地说，你从学前班到高中，除了遇到好的班主任、好的老师、好的同学以外，父母也是尽了心的。除了尽心照顾你的生活之外，每当你出现不应该想、不应该说、不应该做的现象时，我们都尽最大努力帮助你把它们消灭在萌芽状态。这些年，我们之间除了我对你的严厉要求以外，交流也是很多的。你回忆一下，这些年，我和你当面交流了多少，让你读了多少篇文章、多少本书，给你写了多少东西……总结起来，这一切对你的成长都是有积极价值的。

现在，我们之间再面对面交流不可能像以前那样方便了。我想，我应当尽我的责任，采取各种方式，定期或不定期地和你交流——了解你学习、工作、生活等有关方面的情况,并尽我所能给你指导。

今后,我打算主要以书信的形式和你交流。另外,我感觉以我的阅历、所受的教育、现有的水平,很难指导你达到更高的层次,所以,我除了给你写信外,也尽可能地多给你邮寄一些资料。选择什么样的资料?我想,你们年轻人要想成才,除了掌握专业技术以外,正确的思想观念很重要,正所谓观念(思想)决定言行,言行决定习惯,习惯决定性格,性格决定风格,风格决定命运。我的想法是,必须在继承和发扬我们民族优良传统的基础上确立和坚持当代社会主流价值观。所以,我选择资料就从优秀传统文化、当代社会主流价值观、专业技术这三个方面着手。

这里专门谈谈优秀传统文化的学习问题。现在的大学生,对新的东西、"洋"的东西可能都接触得比较多,但是对于传统,尤其是传统文化,恐怕有些大学生底子比较薄弱。所以希望你在大学四年中,在原有的基础上(对于你本人,从小我已经注意了这方面的培养)对优秀传统文化进行系统深入的学习。如能做到,对你今后的学习、做事直至做人,都将大有裨益。我计划在你四年大学的过程中,根据每年大学生活的不同要求,分学期给你提出以"四书"——《大学》《论语》《孟子》《中庸》为主的学习经典著作的任务,希望你认真完成。所谓经典著作,不是读一遍就行了的,希望你把这类经典著作作为案头必读书籍,有机会或者需要的时候就翻开"咀嚼"一番。

第一次写信,我给你附寄了根据各种资料汇总以及自己的学习体会整理出来的"四书"之首——《大学》。第一,我没有标注各章内容范围,请你根据"二、原文"和"三、基本结构与含义简析"标注出十一个章次的内容范围。第二,我会在下学期给你邮寄译文,我想你会理解我的用意——除了让你自己先看、先翻译、先体会、先应用以外,还有希望你长期坚持学习、温故而知新的目的。

古人对大学性质的阐述,现在的我们完全可以借鉴,取其精华。我时常想,不管是过去还是现在,办大学的最终目的都是通过大学改变社会。大学改变社会的途径,最重要的一条是通过大学培养的人在服务社会的过程中改变社会。原清华大学校长梅贻琦先生说:"大学之大,不在于它有大楼,而在于它有大师。"我想,就大学对社会的贡献来讲,大学之大,在于它培养的人大气,只有大气的人才能有大理想、大追求,才能成大器,从而对社会做出大的贡献,真正实现大学改变社会的目的。大学通过培养学生改变社会,并不是一定让学生去做大官、当大款、成大家,事实上,即使大学毕业以后到了基层,只要个人努力,一样能够对社会的改变做出贡献。例如,有些农业大学毕业的农学专业的毕业生到农村开办养殖场、农场,经济效益和社会效益双丰收,而且尤其对行业发展、人们观念的改变,促进作用是很大的。

如果你能从大处着眼,树立理想,从小处着手,点滴做起,一定会有所成,从而尽可能为社会做出大的贡献。

过去我给你写的东西,有的你留下了,有的你丢了。此次寄信,我专门用了一个大信封,便于你把我以后给你邮寄的信件和资料保存好,一是为平时你个人甚至给你的同学们学习、借鉴,二是为留作纪念甚至传给后代。《三字经》上说:"人遗子,金满屋,我教子,唯一书。"我能给你的,主要是精神上的财富。我想,这样的财富最能使你长才干,而有了才干,对社会、对家庭、对个人意味着什么,都是不言而喻的。所以希望你好好阅读并妥善保存我写给你的书信,尤其是随信给你邮寄的资料——因为我邮寄给你的资料都是经过认真选择的、我认为于你有价值的。就像上面说的,由于我的水平所限,很难指导你达到很高的层次,所以我选择了这些资料附寄给你,我认为这些资料对你的价值比我写的信价值要高。

这是你上大学以后第一次给你写信,心里有很多话要对你说。我从昨天就提醒自己不要婆婆妈妈,因为许多话过去都说过了,还有许多话可以留着以后再说,可就是控制不住自己,还是语无伦次、言不达意地啰唆了很多。还是以勉励的方式结束你大学四年第一封家书吧——

你的大学、你的专业直至你以后的职业以及职业成就,你都进行了选择和规划,现在,就要靠你的努力去实现你的理想信念了,请你千万记住,人生有许多东西可以放弃,但万万不能放弃的是你最初的信念——信念永存,人生长青。

爸爸
×年×月×日

●●● 附寄学习资料

经典阅读——《大学》(之一)

一、版本与作者

《大学》原为《礼记》第四十二篇。宋朝程颢、程颐兄弟把它从《礼记》中抽出,编次章句。至于《大学》的作者,程颢、程颐认为是"孔氏之遗言也"。

朱熹把《大学》重新编排整理,分为"经"一章,"传"十章,认为"经一章盖孔子之言,而曾子述之;其传十章,则曾子之意而门人记之也"。朱熹将《大学》《中庸》《论语》《孟子》合编注释,称为"四书",《大学》从此成为儒家经典。

《大学》的版本主要有两个体系:一是按原有次序排列的古本,即《礼记》中的《大学》原文;一是经朱熹编排整理,划分为经、传的《大学章句》(习惯称为《大学》)本。以朱熹《大学章句》本流传最广、影响最大。

二、原文

大学之道,在明明德,在亲民,在止于至善。知止而后有定,定而后能静,静而后能安,安而后能虑,虑而后能得。物有本末,事有终始,知所先后,则近道矣。

古之欲明明德于天下者,先治其国,欲治其国者,先齐其家;欲齐其家者,先修其身;欲修其身者,先正其心;欲正其心者,先诚其意;欲诚其意者,先致其知,致知在格物。物格而后知至,知至而后意诚,意诚而后心正,心正而后身修,身修而后家齐,家齐而后国治,国治而后天下平。自天子以至于庶人,壹是皆以修身为本。其本乱而末治者,否矣。其所厚者薄,而其所薄者厚,未之有也。

《康诰》曰:"克明德。"《大甲》曰:"顾是天之明命。"《帝典》曰:"克明峻德。"皆自明也。

汤之《盘铭》曰:"苟日新,日日新,又日新。"《康诰》曰:"作新民。"《诗》云:"周虽旧邦,其命维新。"是故君子无所不用其极。

《诗》云:"邦畿千里,唯民所止。"《诗》云:"绵蛮黄鸟,止于丘隅。"子曰:"于止,知其所止,可以人而不如鸟乎?"《诗》云:"穆穆文王,于缉熙敬止。"为人君止于仁,为人臣止于敬,为人子止于孝,为人父止于慈,与国人交止于信。

《诗》云:"瞻彼淇澳,绿竹猗猗,有斐君子,如切如磋,如琢如磨,瑟兮僩兮,赫兮喧兮,有斐君子,终不可谖兮。"如切如磋者,道学也;如琢如磨者,自修也;瑟兮僩兮者,恂栗也;赫兮喧兮者,威仪也;有斐君子,终不可谖兮者,道盛德至善,民之不能忘也。《诗》云:"于戏!前王不忘。"君子贤其贤而亲其亲,小人乐其乐而利其利,此以没世不忘也。

子曰:"听讼,吾犹人也,必也使无讼乎!"无情者不得尽其辞,大畏民志,此谓知本。

此谓知本,此谓知之至也。

所谓诚其意者,毋自欺也。如恶恶臭,如好好色,此之谓自谦。故君子必慎其独也。

小人闲居为不善,无所不至,见君子而后厌然,揜其不善,而著其善。人之视己,如见其肝肺然,则何益矣。此谓诚于中,形于外。故君子必慎其独也。

曾子曰："十目所视,十手所指,其严乎!"

富润屋,德润身,心广体胖,故君子必诚其意。

所谓修身在正其心者,身有所忿愫则不得其正,有所恐惧则不得其正,有所好乐则不得其正,有所忧患则不得其正。心不在焉,视而不见,听而不闻,食而不知其味,此谓修身在正其心。

所谓齐其家在修其身者,人之其所亲爱而辟焉,之其所贱恶而辟焉,之其所敬畏而辟焉,之其所哀矜而辟焉,之其所敖惰而辟焉,故好而知其恶,恶而知其美者,天下鲜矣。故谚有之曰:"人莫知其子之恶,莫知其苗之硕。"此谓身不修,不可以齐其家。

所谓治国必齐其家者,其家不可教,而能教人者无之。故君子不出家而成教于国。孝者,所以事君也;弟者,所以事长也;慈者,所以使众也。

《康诰》曰:"如保赤子。"心诚求之,虽不中,不远矣。未有学养子而后嫁者也。

一家仁,一国兴仁;一家让,一国兴让;一人贪戾,一国作乱,其机如此。此谓一言贲事,一人定国。

尧舜率天下以仁,而民从之;桀纣率天下以暴,而民从之。其所令,反其所好,而民不从。是故君子有诸己而后求诸人,无诸己而后非诸人。所藏乎身不恕,而能喻诸人者,未之有也。故治国在齐其家。

《诗》云:"桃之夭夭,其叶蓁蓁,之子于归,宜其家人。"宜其家人而后可以教国人。《诗》云:"宜兄宜弟。"宜兄宜弟,而后可以教国人。《诗》云:"其仪不忒,正是四国。"其为父子兄弟足法,而后民法之也。此谓治国在齐其家。

所谓平天下在治其国者,上老老而民兴孝,上长长而民兴弟,上恤孤而民不倍,是以君子有絜矩之道也。所恶于上,毋以使下;所恶于下,毋以事上;所恶于前,毋以先后;所恶于后,毋以从前;所恶于右,毋以交于左;所恶于左,毋以交于右,此之谓絜矩之道。

《诗》云:"乐只君子,民之父母。"民之所好好之,民之所恶恶之,此之谓民之父母。《诗》云:"节彼南山,维石岩岩,赫赫师尹,民具尔瞻。"有国者不可以不慎,辟则为天下戮矣。《诗》云:"殷之未丧师,克配上帝,仪监于殷,峻命不易。"道得众则得国,失众则失国。

是故君子先慎乎德,有德此有人,有人此有土,有土此有财,有财此有用。德者本也,财者末也。外本内末,争民施夺,是故财聚则民散,财散则民聚。是故言悖而出者,亦悖而入;货悖而入者,亦悖而出。

《康诰》曰:"唯命不于常。"道善则得之,不善则失之矣。《楚书》曰:"楚国无以为宝,惟善以为宝。"舅犯曰:"亡人无以为宝,仁亲为宝。"

《秦誓》曰:"若有一个臣,断断分,无他技,其心休休焉,其为有容焉。人之有技,若己有之;人之彦圣,其心好之,不啻若自其口出。实能容之,以能保我子孙黎民,尚亦有利哉! 人之有技媢嫉以恶之,人之彦圣,而违之俾不通。实不能容,以不能保我子孙黎民,亦曰殆哉!"唯仁人放流之,迸诸四夷,不与中国同。此谓唯仁人为能爱人,能恶人。见贤而不能举,举而不能先,命也。见不善而不能退,退而不能速,过也。好人之所恶,恶人之所好,是谓拂人之性,灾必逮夫身。是故君子有大道,必忠信以得之,骄泰以失之。

生财有大道,生之者众,食之者寡,为之者疾,用之者舒,则财恒足矣。仁者以财发身,不仁者以身发财。未有上好仁而下不好义者也,未有好义其事不终者也,未有府库财非其财者也。孟献子曰:"畜马乘,不察于鸡豚;伐冰之家,不畜牛羊;百乘之家,不畜聚敛之臣。与其有聚敛之臣,宁有盗臣。"此谓国不以利为利,以义为利也。长国家而务财用者,必自小人矣。彼为善之,小人之使为国家,灾害并至,虽有善者,亦无如之何矣。此谓国家不以利为利,以义为利也。

三、基本结构与含义简析

"大学"是对"小学"而言,是说它不是讲"详训诂,明句读"的"小学问",而是讲治国安邦的"大学问"。

《经》一章提出了明明德、亲民、止于至善三条纲领,又提出了格物、致知、诚意、正心、修身、齐家、治国、平天下八个条目。八个条目是实现三条纲领的途径。在八个条目中,修身是根本的一条。

《传》十章分别解释明明德、新民、止于至善、本末、格物致知、诚意、正心、修身、齐家、治国平天下。明明德是指弘扬光明正大的品德。亲民是指让人们革旧图新。止于至善是指要达到最好的境界。本末是指做事要分清主次,抓住根本。格物致知是指穷究事物的原理来获得知识。诚意就是"勿自欺",不要"掩其不善而著其善"。正心就是端正自己的心思。修身就是加强自身修养,提高自身素质。齐家就是管理好自己的家庭、家族。治国平天下是谈治理国家的事。怎样治理国家呢? 首先要作表率;自己讨厌的,不加给别人;要得众、慎德、生财、举贤。"得众则得国,失众则失国";"有德此有人,有人此有土,有土此有财";见贤能举,举而能先……

书信二

参观学习随记一篇

××：

你接到爸爸的信时，可能正赶上国庆节放假。你说的也对——因为刚有点适应了学校的生活，而且回家来回还要花钱，所以就不回家了。我赞成你的做法。

说起花钱，我想起近期看到的一些关于贫困家庭的生活状况，尤其是他们供养孩子上学的困难的报道。看了这些报道我心里很不平静。虽然我们不富裕，可是比起那些贫困家庭，我们的条件已经算是优越的了。看看他们的经济状况，我们没有任何理由大手大脚地花钱，正像我过去常说的那样：不论是谁的钱，花起来都要掂量掂量，不该花的一分都不能花。

今天，单位组织全体党员去参观山东省政府旧址和八路军115师驻地旧址，我参观了以后深有感触。战争年代，共产党人在那么劣势、那么艰苦的环境中能够打下江山、建立政权，靠的是什么？主要是共产党的路线、方针、政策代表了最广大劳苦大众的利益，得到了最广大劳苦大众的拥护、支持。另外，共产党人艰苦奋斗、与人民同甘苦共患难的作风起了很大作用。这一点永远值得我们继承和发扬，尤其是你们这一代没有吃过多少苦的年轻人更应该如此，这是一个人成就一番事业所需具备的重要的基本素质。我过去说过，最优秀的人是那些在困难和挫折面前百折不挠而且取得了成绩的人。当然，现实生活中，这里说的困难和挫折并不仅仅指物质生活方面，而是包括了做人、工作、学习等各个方面。我年轻时做老师的时候，带领学生练习越野，在教给学生技术之前，首先给学生做的就是思想工作——练习越野能够锻炼人的意志。当我们在他人之后的时候，要想到我凭什么被他们落下？当我们在他人之前的时候，要想到我不能让他们追上。一个信念：

在讲究方式方法的前提下，只要跑下来死不了，就要向前冲。我这样做的结果是理想的，多年以后，学生们还常常回忆起这项活动给他们带来的积极意义。

在参观省政府旧址的时候，讲解员告诉我们，这是一座在山东比较有名气的庄园，原庄园主人的家族几百年来在几个朝代都属于望族。我留意了一些说明材料，总结起来发现，单纯靠财富的积累是很难做到这样的——他们有了财富但并不做守财奴，思想和行动能够跟上时代的步伐。例如，在广大的农村甚至城市都普遍遵循男尊女卑信条的时候，他们的家族就能把女孩子送到北京读书；在时代大更迭的时候，他们能够把自己的家产甚至祖宅奉献出来。能做到这些，想不世代发展都难。我和我的同学们很多有了工作就一门心思做下去了，而我的同学中有该家族的后人，参加工作后不断学习深造，不断努力进取，现在成绩斐然。这些，都是值得我们好好研究和学习的。

下午，我们去参观了城市规划展览。据介绍，这是在科学发展观思想指导下制订的发展规划。看了这个规划除了很受鼓舞以外，我还想到，大到一个国家，小到一个人，都必须有短期、中期、长期规划，即所谓立足当前、放眼未来。有的单位，有的城市，建了拆，拆了建，浪费了诸多的人力物力，这就是没有长远规划造成的。具体到一个人，如果总是想起什么好就去干什么，或者看到别人干什么好就去干什么，恐怕最后什么也干不成。尤其是年轻人，一定要根据自己的实际情况，结合社会现实，规划好自己的人生之路，而且一步一个脚印地向前走，只有这样，才能走出一条阳关大道。这里可以借用古人荀子的话——积跬步以致千里。具体说来，作为一名大学生，尤其是有了专业方向的大学生，我想，首先要深入思考"我的大学应该如何度过"这一问题，在此基础上规划好自己的四年大学生涯，而且这一规划要涉及大学四年以后的结局。这样就能掌握自己大学生活的主动权，起码能够促使自己安排好大学生活的时间。涉及大学生活的具体实际，我个人的体会是：做人是根，立德为先。比如严于律己、宽以待人，以诚待人、用心交流，取人之长、补己之短，相互协作、共进共赢，这些都是为人处事的基本道理，可惜许多人做不到。在学会做人的基础上，自己的专业是本，是所谓立身的本钱。因此，一定要积极培养专业兴趣，努力学习专业知识、技能。除此之外的综合素质也不可或缺，像学习课程中的英语、计算机与网络技术，像各种校内外有意义的活动……如果说四年大学是在培育一棵果树，那么根正、本壮、枝叶茂盛才能开出鲜艳的花，结出硕大的果。

写到这里，我想起李开复的《给中国学生的第四封信：大学四年应是这样度过》。在这封信里,他通过大学是你相对独立生活、独立学习、独立追逐梦想的阶段,可能是你最后一个系统学习阶段等几个方面,说明大学是人生的关键阶段。我的理解是,他之所以说大学是人生的关键阶段,是从大学是人从学校走向社会的桥梁这个角度评价的吧。另外,在这封信中,他从自修之道——从举一反三到无师自通;基础知识——数学、英语、计算机、互联网;实践贯通——做过的才真正明白;培养兴趣——开阔视野、立志定向;积极主动——果断负责、创造机遇;掌控时间——事分轻重缓急,人应自控自觉;为人处事——培养友情、参与群体七个大的方面对大学生提出了比较具体的要求。我想如果能做到这些,大学四年一定会有大的收获,正像他在这封信的结尾所说的,"经过大学四年,你会从思考中确立自我,从学习中寻求真理,从独立中体验自主,从计划中把握时间,从交流中锻炼表达,从交友中品味成熟,从实践中赢得价值,从兴趣中攫取快乐,从追求中获得力量";"离开大学时,只要能做到这些,你最大的收获将是'对什么都可以拥有的自信和渴望',你就能成为一个有潜力、有思想、有价值、有前途的中国未来的主人翁"。

如果你看了上述我学习这封信的读书笔记以后,觉得这封信对你有积极帮助,就可以上网查查这封信的全部内容并学习一下。你还可以上网查查李开复的简介,他的阅历、他的教育观点,都是值得借鉴的。

今天我给你写信,主要是交流一下我的思想,心有所感,写出来和你共悟、共勉。另外,鉴于我的水平所限,向你推荐名家的观点,供你学习借鉴。

爸爸
×年×月×日

做一名优秀班干部，你准备好了吗？

××：

今天是国庆节，爸爸给你写信，首先让我们共同祝贺我们新中国的生日，祝愿我们的国家更加强盛。

你来电话说，你被推选为班长，我和你妈都由衷的高兴。这说明了你们领导、老师、同学们对你的信任。其实，取得领导、老师、同学们信任的过程就是个人努力的过程，所以说这也是你努力的结果。通过努力，你为自己的大学生活奠定了比较好的初步的基础。

你现在能当选为班长，也与你能主动请缨担任临时班长有关系。你的做法给自己创造了施展能力的机会，使得自己的能力得以体现，并被大家认可，从而为现在的"民选"奠定了基础。通过这件事，要注意总结，为以后更好地发展自己积累经验。

今天写信和你谈以下几个问题：

一、关于工作目标

以后你就是"民选"的班长了，绝对不能辜负"选民"的期望，一定要努力把班级工作做好，最低目标就是使你们班各项工作在你们学院同级的班级中处于前列。

二、关于个人表率作用

虽然你在高中也做过班长，不过我感觉在大学要做好班长比高中难。尤其是名牌大学中，学生的素质绝大多数都是比较高的，而且你比他（她）们都小，要想

"领导"得了而且要"领导"得好全班同学着实不易。首先,你应当更优秀而且要成熟。全面地讲,不该想的、不该说的、不该做的都要控制住自己不去想、不去说、不去做——在想、说、做以前先冷静考虑一下,不要受情绪左右。只有这样才能既发挥表率作用,又能针对具体情况成熟地采取工作措施。比如,有些所谓消极一点的事情,学校抓得不严,一般学生可以做,但是,不论影响大小,你做班长的都不能做。

三、关于一般的工作方法

作为班长,协调的作用是很大的,要注意发挥各位分管班干部的作用,领了任务以后要注意协商——这是哪方面的工作?应该由谁负责?然后就是分工,拿出工作方案,最后就是由分工的干部出面做。作为一个单位的"主要领导",怕的就是包办代替,陷入事务性工作的泥潭。忙忙碌碌,既干不出成绩,又容易让分管某项工作的人有意见,还容易让大家形成"此人不可大用"的印象。你上高中的时候,我曾经发现你和大家一起加班加点出板报的现象,亲力亲为可以,身先士卒也应该,模范带头值得提倡,但是明确责任是一个集体的组织者很重要的工作方法。正所谓该谁做的就要谁做。除了带头作用,你的主要责任在于分工和协调。当然,自己在某项工作中分在谁的名下就要毫无理由地服从,不能摆谱,自己有特长的方面也要积极发挥特长为集体做贡献。这是不矛盾的,就看在开展工作的过程中怎么处理。

另外,做完工作一定及时向有关同学通报,向上级汇报,征求意见和建议(即所谓评价),便于以后更好地开展工作。当然,中间过程中如果有需要汇报的特殊情况就要及时向上级汇报。要注意实事求是地反映问题,责任可以多承担一点,但成绩是谁的就是谁的。从这些细节中,日久可见人心。

如何调动积极性使大家齐心协力做好工作?首先要让大家达成共识,达到风正、气顺、心齐。做好工作的前提是达成共识,达成共识的前提是交流,交流的前提是理解尊重对方,求大同存小异。这对于做好工作甚至对于生活中为人处事都很有意义。

其实,做工作的过程中就存在做人的问题,尤其存在处理人际关系的问题。有人总结出了人生两大黄金法则:对自己,种瓜得瓜,种豆得豆,积极、消极方面都是如此;对他人,由己推人。比如,己所不欲,勿施于人;再如,老吾老以及人之老,幼吾幼以及人之幼。这些中华民族几千年来总结出的至理,永远不会过时的。

四、关于控制好自己的情绪

考虑到你作为新生班长,和同学们相互不是很了解,可是却要做工作,免不了遇到很多难题,这个时候首先应该控制好自己的情绪。只有积极主动地控制情绪,才能把握好自己,同时也能够体谅、宽容他人,从而创造和谐的工作和生活氛围。

如何才能控制好自己的情绪?美国作家奥格·曼迪诺在《世界上最伟大的推销员》一书中的话可能会对你有所帮助:弱者任思绪控制行为,强者让行为控制思绪……沮丧时,我引吭高歌;悲伤时,我开怀大笑;痛苦时,我加倍工作;恐惧时,我勇往直前;自卑时,我换上新装;不安时,我提高嗓音。穷困潦倒时,我想象未来的富有;力不从心时,我想想过去的成功;自轻自贱时,我想想自己的目标……纵情得意时,我要记得挨饿的日子;洋洋得意时,我要想想竞争的对手;沾沾自喜时,不要忘了那忍辱的时刻;自以为是时,看看自己能否让风驻步;腰缠万贯时,想想那些食不果腹的人;骄傲自满时,要想到自己怯懦的时候;不可一世时,让我抬头,仰望群星。

有机会的话,尤其是不顺心的时候,情绪上产生波动的时候,你读一读这一类的书,不仅能使自己静下来,如果多体会、多借鉴,也是会改变心态的。

五、关于正确引导非正式小群体

以我的经验和教训,在一个集体中做管理工作,"难管"的是有个性而且"不服管"的人,这些人结成小群体以后更"难管"。如果不重视,不能积极主动地正确引导,做到化消极为积极,变负面效应为正面效应,这类非正式小群体很容易演变为小团体、小宗派,不但破坏团结,形成亲亲疏疏、影响集体的风气,而且会对工作产生干扰和破坏。

如何引导这类非正式小群体?结合个人的体会,我认为张汉忠、董常彬的《正确引导非正式小群体》一文给出的方法比较可行:

首先,必须弄清他们的"出处",即所谓形成的原因和成员特点。例如,有的小群体是由原来的同乡、同学天然组成的,有的是由家庭背景或者成长阅历相似的人组成的,有的是由性格类似、志趣相投的人组成的,有的是由具有利益关系的人组成的,等等不一。只有弄清楚他们的出处,才能对症下药,正确引导。其次,要正确引导非正式小群体,要做到细心、耐心、诚心。只有细心,才能及早发现他们思想上不好的苗头和不良倾向,及时做好教育疏导工作,才能留意到小群体中起号召作用的"头头"的动向,及时做好他的工作,使其带领整个小群体与组织融为一体。只有诚心,才能及时与之坦诚地交流、沟通,帮助他们提高思想认识,才能发现他们的困难与正当诉求,尽心尽力帮助其解决,才能注意发现和挖掘他们日常工作中的"闪光点",予以充分肯定和表扬,激发其自信心、上进心。只有耐心,才能坚持不懈地努力,循序渐进地工作,促使非正式小群体完成从负面效应到正面效应、从消极因素到积极因素的转变。

六、关于工作和学习的关系

我过去常说,这方面我最担心的就是你一腔热情工作,误了学习。许多大学生"干部"真的把自己当成了职业干部,把学习当成"副业"。但是,就业时要参加这样那样的应聘考核,业务不行时后悔莫及。这样的教训一定不能在你身上出现。正像你班主任说的,你是班长,学习不好怎么能行?我们不求学习第一,但是学习是学生的天职,必须尽心尽力。过去我对你说过,别人学习的时候你可能要做工作,别人玩的时候你又想玩,那你用什么时间学习呢?正确的做法是,要利用"玩"的时间把由于工作耽误的学习补回来,这样一来,只能少玩甚至不玩。另外要注意,除了万不得已、应急性的工作,一般不能利用上课时间和自习课时间做工作。

要注意不可学校、系里、班级里每个组织都参加,所有活动都掺和,尤其是业余爱好方面的活动更要注意不能"样样通,样样松","贪多嚼不烂"。我认为除了学习,工作要以班长为主,业余爱好要以练了多年而且也算你的特长的篮球为主。

有一个标准是放之四海而皆准的——就学生而言,学习好的学生不一定是好学生,学习不好的学生一定不是好学生。

七、关于过好周末和节假日

过好周末和小的节假日很重要。一定要像高中时那样,利用周末和节假日总结上一阶段做人、生活、学习、工作方面的情况。差的方面注意弥补,教训注意接受,经验注意传承。这样不断总结、不断积累,才能不断进步,最后走向成功。那种周末和节假日云里雾里玩起来没有完的人就是无心肝、不成器的人。我相信你不会这样的。

为了帮助你既做好班长又能促进学习,我啰啰唆唆地给你写了这些话。其实,我不论给你提供多少资料,都是供你参考,你不可照抄照搬。你选择学习方法的原则是以效果为检验标准的,你选择做人、工作方法的原则是以在不违背法律和道德的前提下,得到大多数领导、老师和同学们的认可而且做出成绩为检验标准的。

爸爸

×年×月×日

也谈外语学习的方法

××：

爸爸以为上次寄信时把有关英语学习和考试的资料给你寄去了，今天去办公室一查，却还放在本周要寄去的资料中，我很后悔，今天抓紧给你寄去，希望对你的学习有参考价值。

说起学外语，就回忆起我上高中时学习英语的经历。那时候我们学英语的方式，最主要的就是强调背诵和默写，英语单词和翻译成汉语后相对应的词语、课文的原文和译文是我们背诵和默写的重点。记得我高中时有一次英语小考就是默写英语课文，一篇课文我竟然连标点符号都能一个不差地默写下来，还得到了老师的表扬。在后来的英语学习过程中，我逐渐认识到，要学好英语，背诵和默写很重要，起码对于词汇的积累很有帮助。除此以外，语言是交流的工具，交流的方式主要就是"说"和"写"，如果能够比较流畅地用外语对话和写作，也就达到学习的目的了。近期我又读了一些有关外语学习方式方法的资料，结合我学习英语、应用汉语（我认为语言的学习有相通之处）的体会，总结了学习外语必须注意的几个方面，和你交流，供你借鉴。

一、关于词汇积累

词汇的积累主要是指对外语单词掌握的广度和深度，这在一定程度上决定了一个人的外语水平。我在看一些资料以及和大学师生交流的过程中了解到，在广度方面，不管是否参加相关考试，大学期间的英语词汇量至少要争取达到六级水平。要想顺利阅读英语外刊，词汇量应达到雅思或托福等考试所涉及的范围。有的人虽然词汇量达到了一定程度但是仍然觉得翻译时很吃力，其实并不是因为他们背的单词太少，而是因为他们对词汇的理解不够全面和深入。这就涉及深度的问题。至于深度，主要问题是对于常见词的意思的掌握。不少常见词有多个意义，很多时候，一个很平常的单词放在一个特定的语言环境里，它的意思很可能会发生意想不到的变化。高层次的考试往往不会考某个单词的大众化意义，这就需要在平时的学习中尽可能挖掘出外语单词全面的含义。对于一词多义现象，比较科学的方法是根据上下文判断处理。

二、关于阅读

我们一般看报纸、杂志等，开始都是大略地浏览一遍，发现了自己感兴趣的内容再去仔细地学习，诸如关注文中的关键词、典型句子、段落大意、主题思想，以至于文章结构、写作风格、文外之意等。我有时候即使读同一本书的不同部分时也是这样处理，所谓有泛读、有精读。但是，像我这样没有专业外语水平的人，即使看短小浅显的"豆腐块"英文，也不能做到像看汉语资料一样。只有先认真地读一遍，把意思明确和不明确的单词都标注出来，然后通过查英语词典，知道了意思不明确的单词的含义，再结合已经明确意思的单词以及上下文来翻译句子，理顺段落大意，确定全文内容。我想，对于已经达到一定外语水平、具有阅读能力的人，阅读外文就像我阅读汉语资料一样吧——我认为尽管语种不同，但是学习的方法大致应该相似。不知我的看法是否有道理？

三、关于翻译

在你上高中的时候我有意买了《复活》《巴黎圣母院》等几部英汉对照的小说放在家里，我试着看，也提醒你看。我的体会是，看同名汉语小说，有的对话风趣而富有诗意，有的场景描写如临其境，有的心理描写入骨三分，总之翻译成汉语的小说语言流畅而且富有文采。但是再看英语原著，就有点看"大白话"的感觉，有点像读汉语的说明文。通过这样的对比，我想多少可以说明语言文化的差异和翻译的方式方法问题吧。

至于具体的翻译方法尤其是外语文章的翻译方法，我基本没有发言权。只是想，应该在弄懂原文的基础上，既忠于原文又要根据对应语种的语言特点来翻译。

四、关于写作

很多人说起话来头头是道甚至口若悬河，但是要让他们写文章甚至只是把说的话写出来，却很难。可见说和写是两回事。为什么说起来容易写起来难？我想，原因在于写作的基本功、写作习惯、个人意志几个方面的欠缺。外语写作应该大致如此。我曾经和大学生交流，他们认为，一个掌握了几千个外语单词的人，别说命题写作，就是有感而发想将其写出来也不一定很容易。可见，要写好外语文章，积累单词、掌握语法、训练写作基本功、锻炼以至于养成写作习惯等，都是很重要的。平时哪怕写写外语日记、随笔等小"豆腐块"，慢慢积累，也会由量变到质变吧。我想，如果直接去写外语作文感到很难，是不是可以先从翻译——把汉语文章翻译成外语入手？其实笔译本身也是写作，而且翻译得多了，起码掌握了在有素材的前提下外文写作的基本要求。另外，如果经过思考，心里先有东西了，再挖掘出合适的词和句来表达，这样的做法是不是也是写外文文章的一个途径？

写到这里，我想起你在初一阶段英语成绩并不理想，我们暑假中去找你当时的英语老师补课，老师就让你多听、多看、多说，有了基础以后再注意写一写，而且给了你一些磁带让你听，我记得都是英语的歌曲、寓言故事、诗歌之类。老师的意思是从培养兴趣入手。这样做的效果很好——你学习英语的兴趣有了，爱好学习英语了，成绩也就自然提高了。兴趣是最好的老师，相信你会学好的。

除了兴趣，要注意在边用边学的过程中提高语言水平——学是为了用，用促进学。

近期我有机会去你那里，到时候当面交流，其他方面就不在此多说了。

爸爸

×年×月×日

●∙∙∙ 附寄学习资料

全国大学英语四、六级考试改革方案（试行）

教育部高教司大学英语四、六级考试改革组和考试委员会

为适应我国高等教育新的发展形势，深化教学改革，提高教学质量，满足新时期国家对人才培养的需要，2004年初教育部高教司组织制定并在全国部分高校开始试点《大学英语课程教学要求（试行）》（以下简称《教学要求》）。《教学要求》规定，大学英语课程的教学目标是：培养学生的英语综合应用能力，特别是听说能力，使他们在今后工作和社会交往中能用英语有效地进行口头和书面的信息

交流。自《教学要求》在全国部分院校开始试点以来,广大教师积极参加和关心这次改革,在教学模式、教学手段和教材使用等各方面做了许多有益的尝试。参加试点的学生也普遍反映新的教学理念和方法大大提高了他们学习英语的兴趣,实现了个性化学习,提高了学习效率。

为此,作为对我国在校大学生英语能力是否达到《教学要求》的主要鉴定手段的大学英语四、六级考试也必须相应改革,以适应新的形势,使考试更好地为贯彻《教学要求》服务。在教育部高教司的主持和领导下,大学英语四、六级考试改革组和考试委员会经过反复研讨和论证,并广泛听取了大学英语第一线教师和学生的意见,制定了《全国大学英语四、六级考试改革方案(试行)》。

大学英语四、六级考试是一种为教学服务的标准化考试。因此,考试改革的方向是在保持考试的科学性、客观性和公正性的同时,使考试最大限度地对大学英语教学产生正面的导向作用,即通过四、六级考试的改革,引导师生正确处理教学与考试的关系,更合理地使用四、六级考试,使考试更好地为教学服务。大学英语四、六级考试改革的目标是更准确地测量我国在校大学生的英语综合应用能力,尤其是英语听说能力,以体现社会改革开放对我国大学生英语综合应用能力的要求。由于大学英语四、六级考试是一个超大规模的标准化考试,因此考试的改革需前瞻性与可行性相结合,分步实施,既有近期改革目标,又有中长期规划。

近期内,四、六级考试将采取的重要举措之一是改革计分体制和成绩报导方式。自2005年6月考试(试点)起,四、六级考试成绩将采用满分为710分的计分体制,不设及格线;成绩报导方式由考试合格证书改为成绩报告单,即考后向每位考生发放成绩报告单,报导内容包括:总分、单项分等。为使学校理解考试分数的含义并根据各校的实际情况合理使用考试测量的结果,四、六级考试委员会将向学校提供四、六级考试分数的解释。

在考试内容和形式上,四、六级考试将加大听力理解部分的题量和比例,增加快速阅读理解测试,增加非选择性试题的比例。试点阶段的四、六级考试由四部分构成:听力理解、阅读理解、综合测试和写作测试。听力理解部分的比例提高到35%,其中听力对话占15%,听力短文占20%。听力对话部分包括短对话和长对话的听力理解;听力短文部分包括短文听写和选择题型的短文理解;听力题材选用对话、讲座、广播电视节目等更具真实性的材料。阅读理解部分比例调整为35%,其中仔细阅读部分(careful reading)占25%,快速阅读部分(fast reading)占10%。仔细阅读部分除测试篇章阅读理解外,还包括对篇章语境中的词汇理解的测试;快速阅读部分测试各种快速阅读技能。综合测试比例为15%,由两部分构成。第一部分为完型填空或改错,占10%;第二部分为短句问答或翻译,占5%。写作能力测试部分比例为15%,体裁包括议论文、说明文、应用文等。

试点阶段四、六级考试各部分测试内容、题型和所占比例如下表所示:

试卷构成	测试内容		测试题型	比　例
第一部分:听力理解	听力对话	短对话	多项选择	35%
		长对话	多项选择	
	听力短文	短文理解	多项选择	
		短文听写	复合式听写	
第二部分:阅读理解	仔细阅读理解	篇章阅读理解	多项选择	35%
		篇章词汇理解	选词填空	
	快速阅读理解		是非判断＋句子填空或其他	
第三部分:综合测试	完型填空或改错		多项选择	10%	15%
			错误辨认并改正		
	篇章问答或句子翻译		简短回答	5%	
			中译英		
第四部分:写作	写作		短文写作	15%

根据目前的改革进程,近期内大学英语四、六级考试口语考试仍将与笔试分开实施,继续采用已经实施了五年的面试型的四、六级口语考试(CET-SET)。同时,考委会将积极研究开发计算机化口语测试,以进一步扩大口语考试规模,推动大学英语口语教学。

在考务管理方面,2005年6月起教育部考试中心将启用新的四、六级考试(试点)报名和考务管理系统,严格认定考生报名资格,加强对考场组织和考风考纪的管理,切实做好考试保密工作。具体方案将由教育部考试中心在近期内另行公告。

由于四、六级考试是一个每年涉及上千万考生的超大规模标准化考试,因此考试内容和形式的改革须经过一定规模的试点,对新试卷的有效性和可行性做出科学的论证,并了解师生的反馈。为此,自2006年1月份开始从参加大学英语教学改革试点学生中试行改革后的四级考试,自2006年6月份开始以同等方式试行新的六级考试。初步定于2007年1月全面实施改革后的四级考试,2007年6月全面实施改革后的六级考试。考委会将按照《教学要求》制定新的四、六级考试大纲和样题,并及时向教师和学生公布。

任何一项大规模标准化考试的发展都是一个不断改进和完善的过程。四、六级考试十七年的发展历程也证明了这一点。国家改革开放对我国大学生的英语交际能力不断提出更高的要求,因此,四、六级考试中长期改革任务仍十分艰巨。考试委员会将不断研究开发适合四、六级考试的新题型,研究改革后的四、六级考试对教学的后效;同时,充分利用高科技手段,完善考务管理系统,实现四、六级考试网上阅卷(CET-Online Marking),研究计算机化的四、六级考试(CET-CBT),争取在一定考生范围内或在某种能力测试中实现四、六级机考。

大学英语四、六级考试还将进一步完善其考试系列,更好地适应不同层次学校的需要,更有利于分层管理、分类指导。为此,四、六级考委会将根据对目前国内、国际语言测试理论和实践的研究和分析,制订以中国英语学习者为对象,能与国际接轨的英语语言能力等级量表,以更准确地描述我国大学生的英语能力。同时,研究开发入学水平考试(CET-Placement Test),用于测量大学生入学时的英语水平,为学校制定切实可行的教学目标提供依据,并采用"平均级点分"等统计手段,更准确地反映教学的进步幅度,以调动广大师生的教学积极性。此外,考委会还将研究开发高端考试(CET-Advanced Level),用于测试学生是否达到《教学要求》中"更高要求"所规定的英语综合应用能力,即能以英语为工具,直接参与国际学术会议、国际学术交流等。

考试的改革是一项复杂的系统工程,四、六级考试委员会将加强宣传,使教师和学生真正了解改革的目的和举措,并通过教师培训等手段使改革思想融入教学。考试委员会将关注改革措施的后效,跟踪考试改革对教学所产生的影响,及时调整改革措施,使四、六级考试更好地服务于教学。

期中校访记

××：

从你那里回来以后，我考虑再三，还是给你写了这封信。

我去你学校，除了看看你，和你当面交流这一阶段你的思想、生活、学习、工作等方面的情况外，也想见见你的同学们起码舍友们、你的老师，通过和他们的交流了解你的学校、你的班级、你的同学、你的情况。你的同学和领导、老师们和我交流的一些情况我大体已经和你说了，现在概括地整理出来寄给你，同时也把我的建议再次向你强调，你好一一对照，然后思考自己应当如何做。

第一，老师和同学们对你的评价。无论是你的老师还是同学们，他们对你很一致的评价有：各方面都做得不错；学习进步较快；作为班长，能和老师、同学们交流，保持联系；可能由于年龄小一点，有时候看起来显得不太成熟。

第二，老师对你的期望。做班长首先要自己做得好，所以，当班长就要督促自己在纪律、学习、工作等诸多方面都起带头作用，也希望高质量地完成学校和系里安排的工作，协助老师开展好工作，团结同学一起工作。

你的任课老师特别提出了你学习方面的问题：因为你是学生干部，学校、系里、班级中一定会有很多的工作要做，希望能处理好工作和学习的关系。学习语言要注意单词的积累，记单词要不断结合自己的具体情况总结行之有效的方法，例如多练习发音、多背单词、多朗诵句子和文章，在这些过程中多揣摩，时间长了，找到技巧就行了。积累单词不能只是做了记录就放起来了，要注意创造机会学用结合。除了专业语言以外，英语也要学好，一般性工作实践中用英语的机会最多，所以母语、专业语言、英语都要学好，只有这样才更有就业空间。其实，只要开设的课程都应学好，以后到社会上就体会到其用途了。学习的时间是有的，主要靠自觉，自己要安排好学习的时间，充分利用一切可以利用的时间。至于出国学习，肯定有机会，就看你在班里成绩是否数得着。至于毕业后的就业，不是没有地方要，而是看自己行不行。

第三，我给你的建议。要在日常的工作、生活、学习过程中靠自己的实际行动证明自己的优秀。你主动请缨做临时班长，使得自己的组织、管理、表达能力得到体现，大家了解了你、理解了你，所以，公开选拔的时候，大家都把票投给了你。其实，真正证明一个人确实优秀的过程是长久的，正所谓"路遥知马力，日久见人心"。

人和人之间的相互了解许多时候是从交流开始的。当然，和老师、同学们交流的时候，应该事先考虑好该交流哪些问题，因为别人的时间都很珍贵，一般不喜欢闲扯。就一些自己迷茫的问题可以进行交心式的交流，深入交流也是对别人的信任和尊重。

在平时的学习、工作、生活过程中，除了听老师的教导，向老师学习，还要向同学们学习。你的同学都是很优秀的，每个人身上都有值得你学习的很多优点。你一定要好好学习同学的长处，不断提高自己。宿舍的问题，不要苛求。我过去说过：吃穿住行，没有不行，孬好都行。学生时期更需要锻炼吃苦耐劳的精神，尤其不能计较生活上的享受。至于人际关系的环境问题，要从另一个角度理解——上学期间多和各种类型的人打交道，这本身就是积累了人生的一部分经验。谁敢保证毕业后到社会上遇见哪类人？你要明白我的意思。当然，人际交往的过程中，尤其是"领导者"，要严于律己，宽以待人；大事讲原则，小事要随和。至于遇到的一些烦心事，你看了我摘自张汉忠发表在《党员干部之友》2005年第10期的《禅智三则》一文中的一则故事会有感触的：

唐代禅师慧宗一次外出，临出门前把弟子招来，吩咐他们好好地照顾寺院里的数十盆兰花。弟子们知道师父酷爱兰花，每日细心有加，及时施肥浇水修剪，不敢怠慢。可是，在一天夜里，突然下起了倾盆大雨，偏偏弟子们一时疏忽，将兰花遗忘在室外，使其惨遭风雨摧残。及至第二天早上想起，兰花早已被大雨冲毁，而且花架也已全部倒下。几天后，慧宗禅师回到寺院，众弟子怀着忐忑不安的心情前去迎候，准备领受责罚。没想到，禅师得知原委，竟泰然自若，还宽慰弟子们说："当初我是为了快乐才种兰花的。如果我责罚你们，我不快乐，你们大家也不快乐，那么我种兰花还有什么意义呢？"一席话，使众弟子如释重负，心情豁然开朗。

　　写到这里，我想，结合我以前给你说过的一些方式方法，你一定知道怎么处理这类问题了。一定会处理好的！

　　我回来的路上去一所大学拜访了一位朋友，借此机会也考察了他们学校的一些情况。他们学校的相关情况和你们大不相同：没有固定的教室上自习；没有班主任，一个年级一个辅导员，学生想见辅导员都难；上课的老师不住校而且离校很远，上完课就走人，要问学习的问题机会很少。也可能与他们学校领导有关系，也可能与他们学校的办学思路有关系，这个我们无权评论。我个人还是赞成大学的管理模式要和高中衔接，然后再过渡。

　　总结近半个学期，总的看，你的大学生活开局良好。好的开始等于成功的一半，相信你会好好珍惜自己现在的学习条件，持之以恒地努力，在不断探索中进步。

　　说得很多了，就此打住吧。

爸爸

×年×月×日

书信六

从准备过元旦说开去

××：

从电视上的天气预报了解到你那里很冷，要注意防寒，不要感冒了，毕竟"身体是革命的本钱"。

从你发来的信息中知道，你们要准备过元旦了，为此要做很多准备工作。这个我赞成，其实组织活动也是锻炼，甚至还是对专业学习的促进。所以，对于集体活动一定要热心组织，积极参加。既要组织过元旦，又要复习迎考，时间是紧张的，如何才能工作学习两不误？这就需要处理好学习和工作的关系。我的意见是，一定不要把各门功课的学习忘在了一边，而是要以学习为主，业余时间搞好元旦活动的准备工作。过了元旦就要进入期终考试阶段，如果过了元旦再复习就来不及了。这就需要放弃一些休息时间，辛苦一些。

另外，很多事情处理起来应注意简单化，还有很多事情，如果有心顺手就能处理好，并不一定要花费很多时间。例如，关于元旦给你的老师们邮、发贺年卡的问题，你认为"需要发的贺卡太多了"。我却觉得，与以前的老师不需要大范围地联系了，可以只发给你班主任或者发给一位老师做代表，解释一下因为忙就不再一一邮寄，让他们代问其他老师好，等春节回来再联系。对于现在的老师，当面送上祝福就行了。这是为了更好地学习和工作，老师们会理解的。其实，这些都是礼节，说明学生记着老师的教育之恩。

关于时间安排的方式方法，我在第一封信中就跟你谈过，诸如"平时要把主要精力放在学习和工作上，除非急需，一般都要利用周末来处理个人生活琐事"。我的做法你也了解，不知道是否可以供你借鉴：每天早上我都根据原来制订的工作计划和工作实际以及生活等的需要，考虑今天工作和生活等中应该做哪些事情，到了办公室（甚至在家里）我就把当天需要处理的事情记下来。现在有电脑了，我就在桌面上建立了"日志"。我会按照先急后缓的顺序处理这些事情。如果由于出现临时性事务影响了当天任务的完成，一般就需要加班了。到了下午（最迟晚上），我会对照检查一下当天的任务是否完成，有些不是一天能完成的任务，就记下进度，便于继续落实——其实这时候第二天的计划往往也就出来了。另外就是要注意积极利用周六、周日处理平时积累的问题。长此以往坚持下来，形成习惯，既不会误事，也不觉得紧张了。我发现周六、周日你起得都比较晚，不知道周六和周日应该做的事情能否完成？千万不能只有计划没有行动，到了下周一又后悔。这个学期课程比较紧张，就更需要利用周六、周日做一些总结、复习、补差、提高的工作，不然新的一周要学习新的内容，上周不会的补不上，很快就会被落下了。

写到这里，我想起了流传很久以至于我都不知道作者的"三日歌"，再次写给你，我们相互勉励。

《昨日歌》：昨日兮昨日，昨日何其好！昨日过去了，今日徒懊恼。世人但知悔昨日，不觉今日又过了。水去日日流，花落日日少。成事立业在今日，莫待明朝悔今朝。

《今日歌》：今日复今日，今日何其少！今日又不为，此事何时了？人生百年几今日，今日不为真可惜。若言姑待明朝至，明朝又有明朝事。为君聊赋《今日诗》，努力请从今日始。

《明日歌》：明日复明日，明日何其多！我生待明日，万事成蹉跎。世人若被明日累，春去秋来老将至。朝看东流水，暮看日西坠。百年明日能几何？请君听我明日歌。

从和你的信息交流中还知道你们入了保险，这是好事，不过入了保险又要过元旦，经济上一定比较紧张，我在10号给你的卡里充钱的时候按计划多充了一点。你是很节俭的人，不过一定要注意：省吃也要吃饱，简用需要够用。

多给你妈妈打电话交流你近期的情况。上次我从你那里回来时，带来的你的照片，她就放在茶几上，几乎天天拿起来看看，而且加班加点地干活，想多挣钱供你上学。我上次去给你的1 000元就是你妈让我带去给你的。她虽然说得不多，但是对你的挂念我是看得出来的，正所谓"儿行千里母担忧"。

爸爸

×年×月×日

在寒假前的日子里

××:

　　听说你的学生证件丢失了,要赶快补上,因为有的放假时就要用。证件丢失是个教训,以后不要把不常用的证件老是随身带。处理这些小事,要养成习惯,要做到不费多少精力就能处理好。如果看似日常事务的一些"小事",却要花费很多精力才能处理好,那日常生活中的小事太多了,只能一辈子把精力都用在处理小事上了,还能做出大一点的成绩吗?那样的人充其量也就是一个忙忙碌碌的人。

　　上次去信时给你寄去的资料不清楚,究其原因,一是资料本身不清楚,二是我是新手,不会用一体机。这也给我提出了一个继续学习的问题,尤其是学习新知识、新技术的问题。人要想有进步,就必须不断学习,活到老学到老——要终生学习。

　　说到学习,我就想起给你写这封信的主要目的——和你交流一下期末复习和考试。现在已经着手复习了吧?我想提醒你的是,复习过程中要注意所有开设的课程起码所有考试的课程都要好好复习,不能除了专业课以外,其他课程以应付的心态来对待。尤其是自己学得差的课程,哪怕是所谓的"副课"也要多用一点功夫。有的学校的一些老师在期末复习时有划范围的做法,当然,按照当学期教学任务,除了理顺体系,根据课程强调重点也可以,但是单纯点出考试范围的做法我不赞成。尤其是大学阶段的学习,主要目的是进入社会以后能更好地工作,知识需渊博自不必说,学习能力甚至是研究能力恐怕更重要。所以,一定要探索出一套适合自己、行之有效的学习方法。对于整个课程,一定要有自己总结出来的体系;对于一些专题性的问题,一定要有自己的分析、自己的观点。即使单纯为了考试,也要注意我过去说过的,要想学得全面、学得深入,就要过三关——教材关、教师关、参考资料关。一个学生,把教材内容吃透、会用,把老师的思想领会透彻,把老师的要求认真完成,通过相关而又紧要的参考资料的学习应用,融会贯通教材、教师的内容和要求,还有学不好的吗?一般的考试还有考不好的吗?当然,到了大学,除了这些,还要有上面我说的自己的思想和观点。

你高中时我常说一句话——参加考试,不能带着问题上考场,不能带着遗憾出考场。这是考试成功甚至也是做人做事成功的法宝。具体到考试的方法,尤其是专业考试的方法,我已经没有资格在你面前班门弄斧了。写到这里,我想起你英语四级考试的问题,不知道考得如何?不论如何,都要总结一下得与失,以利期末复习与考试借鉴。

这次考试是你大学学习过程中第一次全面、正规的考试,对于检验你本学期的学习,对于为以后的学习打下坚实的基础,都具有重要的意义,所以你一定要给予最大限度的重视,一定要认真考虑我的建议,一定要针对教材、教师、资料,结合自己的实际情况,制订切实可行的复习计划并努力贯彻实行,全面深入复习,真正做到"不带着问题上考场,不带着遗憾出考场"。

作为大学生,你在自主复习的过程中一定要用到不少参考书,随信寄去《新闻与写作》1995年12期宁应仙的文章《毛泽东与他的工具书》资料一份,供你参考。从这篇文章中可以看出,我们的开国领袖毛泽东读书,不仅博览群书,而且读得深入,还有自己的观点,这是常人难以企及的。上次我跟你说过,我买一体机,其中一个目的就是给你收集整理资料。我给你邮寄的资料你一定要看,这都是我认为对你的做人、学习、工作、生活有所启迪的资料,看了会对你这些方面有帮助的。

听你妈妈说,你要利用放寒假回来的路上去找同学玩。我的意见是:一定不要去,直接回家。虽然你放假了,但你的同学们还要准备考试,哪有时间陪你?去找别人的时候,不要一厢情愿,要考虑一下别人的实际情况。再说,从市区到他们学校,要坐两个小时的车,要换乘两次车,太麻烦。等回家再见面或者明年暑假再说。这件事一定按照我说的做。

考虑到你要复习、考试,时间紧张,就不多写了。另外,在放寒假以前也不再给你寄信了,我近期积累的资料也就不再给你邮寄了,你安心复习,寒假回来再看吧。

有必须联系的事情短信或者电话联系。

预祝你顺利结束本学期学生生活。

寒假见。

爸爸

×年×月×日

推荐学习资料

[1] 李开复. 给中国学生的第四封信：大学四年应是这样度过. 大学生, 2005,
　　（02）.

[2] 奥格·曼迪诺. 世界上最伟大的推销员. 安辽, 译. 深圳: 海天出版社,
　　1997.

[3] 张汉忠, 董常彬. 正确引导非正式小群体. 党员干部之友, 2005,（11）.

[4] 宁应仙. 毛泽东与他的工具书. 新闻与写作, 1995,（12）.

[5] 张汉忠. 禅智三则. 党员干部之友, 2005,（10）.

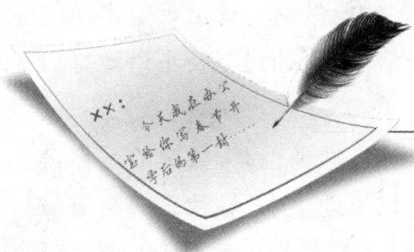

书信一

大一第一学期及寒假述评

××：

今天我在办公室给你写春节开学后的第一封信，不知道你在做什么？

虽然假期比较长，但从感情上来讲，起码你妈妈是不想让你走的。但是我已经上班了，没有时间陪你，另外，希望你能提前一点去学校，除了早适应以外也便于做一些必要的准备工作。

关于你的寒假，我最不满意之处是你早上有时睡懒觉，不能早起活动，有时起得太晚，一上午的时间就不能好好利用了。我的观点是，休息可以，你说的有张有弛也对，尤其是假期中，缓冲一下一个学期的紧张无可厚非，但是张弛要有度。你想，如果一个假期无限制地"松下来"，到了开学恐怕一个时间段之内都很难适应紧张的学生生活，那样的话是不是很容易被"落下"。我几次想，你比高中放假时懒了。其实，人要成就一番事业，要几年、十几年，甚至几十年如一日地努力才行啊。一个人为了做好某一件事，拼一个阶段容易做到，但为了事业一生拼搏，只有那些意志坚强者才能做到。这个道理，我除了多年来一直在向你"灌输"外，在你刚刚进入大学的第一、二封信中也专门给你写过了。而且我也提到为什么一般人空有理想而不能实现，很大程度上就是不能坚持，尤其是不能长久坚持。最优秀的人，是那些在困难和挫折面前百折不挠而且取得了成绩的人。这里的战胜困难，其中包括战胜自己——其实战胜自己更难。人都有图舒服的惰性,要想战胜这样的惰性,需要持之以恒地努力,而只有那些优秀的人才能做到。爸爸希望也相信你会做优秀的人。人的一生有几十年,最积极的价值就在于通过坚持不懈地努力为社会留下一点积极的甚至可资纪念的贡献。

关于你上个学期的学生生活,总结起来,经验很多,教训也有,关键的是你自我控制的能力还不是很强,有了目标以后不能持之以恒地追求,导致总的结果与你自己和我的期望值有差距。这也是上面我在总结你的假期生活时专门谈"坚持"的主要原因。另外,你可能也没有从内心深处真正重视我对你的提醒——"大学生活可能比高中时压力小一点,但是比高中时更紧张",使得自己实际上的大学生活不仅比高中时压力小,也比高中时"松"。你假期里和我的交流中也谈到了这一点。你想,高中生大多是一心一意为了考学而学习,压力大但是生活方式单一,大学生既要为了考试而学,又要为了就业而学,还要为了在走上社会之前打下基础而学,更重要的是还需要培养自己的综合能力。相对于高中时的"一心一意"来说,大学生活中可以说是"一心多意",能不紧张吗?所以说,大学生活过程中的计划性、执行力、持之以恒的意志尤其重要。

关于你的期末考试,从你本人和我的要求来看,不是很理想。当然,这也与你本人对自己和我对你的期望值高有关。说实在的,要是在过去,我就会发脾气了,现在你几个月不回家,年龄也大了,爸爸实在不忍心说得太多,可正因为不能说,我心里更是不顺气,有时候你也看出来了。加上你说的由于没有处理好一些事情而不能集中精力学习致使考试不理想,我就觉得你更不应该了。你想,从小到大,我对你教育得很多,你锻炼得也不少,应该处理好学习、工作、生活之间甚至于某一方面诸如学习过程中专业课和基础课之间的关系。总地看,你与"尽快适应大学生活并且尽早做出成绩"还有差距。我对你老师和你班主任都说了对你考试成绩的不满意,当然,他们也说其实你的成绩不错,只是我们的期望值高。另外,他们也说,对于你来说,确实也是应该成绩更好一点才算理想。

在新学期开学前的第一封信中,我主要想和你谈谈你的寒假、你的上学期、你的期末考试。对你说这些,是因为你大了,而且我们经常交流,是能够敞开心扉对话的。我们不求你回报什么,也不求你有多大的成就,就是希望你珍惜现在的机遇和环境,尽最大努力学习、工作,好好做人,不留下后悔的事情。

我希望这个学期你把握好自己,在做人、学习、工作、生活诸多方面都上一个新的台阶。学期结束的时候,成绩尽可能更好,不足尽可能更少,好吗?相信你只要努力去做,今天,明天,坚持下去,该做到的一定能做到、做好。

　　按照计划,本学期"经典阅读"应该学习《大学》译文。通过对照一个学期的大学生活,你对上学期学习的《大学》有什么更深的体会? 本学期开始,再学习《大学》译文,除了能够帮助你进一步总结上学期大学生活,对你如何过好这个学期的大学生活也会有积极作用。另外,上学期我故意没有对原文进行划分章次,而在本学期的译文中我列出了章次。你回忆比较一下,上学期自己对《大学》原文章次的划分与我现在邮寄给你的译文有何不同? 需要说明的是,我总觉得《传》第五章内容太单薄,好像有丢失的内容,所以查了一些资料,把朱熹拟定的《传》第五章附上,供你参考:

　　所谓致知在格物者,言欲至吾之知,在即物而穷其理也,盖人心之灵,莫不有知,而天下之物,莫不有理。惟於理有未穷,故其知有不尽也。是以大学始教,必使学者即凡天下之物。莫不因其已知之理,而益穷之,以求至乎其极。至於用力之久,而一旦豁然贯通焉。则众物之表里精粗无不到,而吾心之全体大用,无不明矣。此谓物格。此谓知之至也。

　　本学期第一次写信之所以还用大信封,仍然是为了让你集中保存好这个学期我给你邮寄的资料。

爸爸

×年×月×日

●●∙ 附寄学习资料

经典阅读——《大学》(之二)

四、《大学》译文

1.《经》一章

　　大学的宗旨在于弘扬光明正大的品德,在于使人弃旧图新,在于使人达到最完善的境界。知道应达到的境界才能够志向坚定;志向坚定才能够镇静不躁;镇静不躁才能够心安理得;心安理得才能够思虑周祥;思虑周详才能够有所收获。每样东西都有根本有枝末,每件事情都有开始有终结。明白了这本末始终的道理,就接近事物发展的规律了。

　　古代那些想在天下弘扬光明正大品德的人,先要治理好自己的国家;要想治理好自己的国家,先要管理好自己的家庭和家族;要想管理好自己的家庭和家族,先要修养自身的品性;要想修养自身的品性,先要端正自己的心思;要想端正自己的心思,先要使自己的意念真诚;要想使自己的意念真诚,先要使自己获得知识;获得知识的途径在于认识、研究万事万物。通过对万事万物的认识、研究后才能获得知识;获得知识后意念才能真诚;意念真诚后心思才能端正;心思端正后才能修养品性;品性修养后才能管理好家庭和家族;管理好家庭和家族后才能治理好国家;治理好国家后天下才能太平。上自国家元首,下至平民百姓,人人都要以修养品性为根本。若这个根本被扰乱了,家庭、家族、国家、天下要治理好是不可能的。不分轻重缓急、本末倒置,却想做好事情,这也同样是不可能的!

2.《传》十章

第一章

　　《康诰》说:"能够弘扬光明的品德。"《太甲》说:"念念不忘这上天赋予的光明禀性。"《帝典》说:"能够弘扬崇高的品德。"这些都是说要自己弘扬光明正大的品德。

第二章

　　商汤王刻在洗澡盆上的箴言说"如果能够一天新,就应保持天天新,新了还要更新。"《康诰》说:"激励人弃旧图新。"《诗经》说:"周朝虽然是旧的国家,但却禀受了新的天命。"所以,品德高尚的人无处不追求完善。

第三章

　　《诗经》说:"京城及其周围,都是老百姓向往的地方。"《诗经》又说:"'绵蛮'叫着的黄鸟,栖息在山冈上。"孔子说:"连黄鸟都知道它该栖息在什么地方,难道人还可以不如一只鸟儿吗?"《诗经》说:"品德高尚的文王啊,为人光明磊落,做事始终庄重谨慎。"做国君的,要做到仁爱;做臣子的,要做到恭敬;做子女的,要做到孝顺;做父亲的,要做到慈爱;与他人交往,要做到讲信用。

　　《诗经》说:"看那淇水弯弯的岸边,嫩绿的竹子郁郁葱葱。有一位文质彬彬的君子,研究学问如加工骨器,不断切磋;修炼自己如打磨美玉,反复琢磨。他庄重而开朗,仪表堂堂。这样的一个文质彬彬的君子,真是令人难忘啊!"这里所说的"如加工骨器,不断切磋",是指做学问的态度;这里所说的"如打磨美玉,反复琢磨",是指自我修炼的精神;说他"庄重而开朗",是指他内心谨慎而有所戒惧;

说他"仪表堂堂",是指他非常威严;说"这样一个文质彬彬的君子,可真是令人难忘啊!"是指由于他品德非常高尚,达到了最完善的境界,所以使人难以忘怀。《诗经》说:"啊,前代的君王真使人难忘啊!"这是因为君主贵族们能够以前代的君王为榜样,尊重贤人,亲近亲族,一般平民百姓也都蒙受恩泽,享受安乐,获得利益。所以,虽然前代君王已经去世,但人们还是永远不会忘记他们。

第四章

孔子说:"听诉讼审理案子,我也和别人一样,目的在于使诉讼不再发生。"使隐瞒真实情况的人不敢花言巧语,使人心畏服,这就叫作抓住了根本。

第五章

这就叫作抓住了根本,这就叫知识达到顶点了。

（此处请你翻译一下信中朱熹"补"的内容）

第六章

使意念真诚的意思是说,不要自己欺骗自己。要像厌恶腐臭的气味一样,要像喜爱美丽的女人一样,一切都发自内心。所以,品德高尚的人哪怕是在一个人独处的时候,也一定要谨慎。

品德低下的人在私下里无恶不作,一见到品德高尚的人便躲躲闪闪,掩盖自己所做的坏事而自吹自擂。殊不知,别人看你自己,就像能看见你的心肺肝脏一样清楚,掩盖有什么用呢? 这就叫作内心的真实一定会表现到外表上来。所以,品德高尚的人哪怕是在一个人独处的时候,也一定要谨慎。

曾子说:"十只眼睛看着,十只手指着,这难道不令人畏惧吗? !"

财富可以装饰房屋,品德却可以修养身心,使心胸宽广而身体舒泰安康。所以,品德高尚的人一定要使自己的意念真诚。

第七章

之所以说修养自身的品性要先端正自己的心思,是因为心有愤怒就不能够端正,心有恐惧就不能够端正,心有喜好就不能够端正,心有忧虑就不能够端正。心思不端正就像心不在自己身上一样:虽然在看,但却像没有看见一样;虽然在听,但却像没有听见一样;虽然在吃东西,但却一点也不知道是什么滋味。所以说,要修养自身的品性必须要先端正自己的心思。

第八章

之所以说管理好家庭和家族要先修养自身,是因为人们对于自己亲爱的人会有偏爱,对于自己厌恶的人会有偏恨,对于自己敬畏的人会有偏向,对于自己同情的人会有偏心，对于自己轻视的人会有偏见。因此，很少有人能喜爱某人又看到那人的缺点，厌恶某人又看到那人的优点。所以有谚语说："人都不知道自己孩子的坏，人都不满足自己庄稼的好。"这就是不修养自身就不能管理好家庭和家族的道理。

第九章

之所以说治理国家必须先管理好自己的家庭和家族，是因为不能管教好家人而能管教好别人的人，是没有的。所以，有修养的人在家里就受到了治理国家方面的教育：对父母的孝顺可以用于侍奉君主；对兄长的恭敬可以用于侍奉官长；对子女的慈爱可以用于统治民众。

《康诰》说："如同爱护婴儿一样。"内心真诚地去追求，即使达不到目标，也不会相差太远。要知道，没有先学会了养孩子再去出嫁的人啊！

一家仁爱，一国也会兴起仁爱；一家礼让，一国也会兴起礼让；一人贪婪暴戾，一国就会犯上作乱。其联系就是这样紧密，这就叫作：一句话就会坏事，一个人就能安定国家。

尧舜用仁爱统治天下，老百姓就跟随着仁爱；桀纣用凶暴统治天下，老百姓就跟随着凶暴。统治者的命令与自己的实际做法相反，老百姓是不会服从的。所以，品德高尚的人，总是自己先做到，然后才要求别人做到；自己先不这样做，然后才要求别人不这样做。不采取这种推己及人的恕道而想让别人按自己的意思去做，那是不可能的。所以，要治理国家必须先管理好自己的家庭和家族。

《诗经》说："桃花鲜美，树叶茂密，这个姑娘出嫁了，让全家人都和睦。"让全家人都和睦，然后才能够让一国的人都和睦。《诗经》说："兄弟和睦。"兄弟和睦了，然后才能够让一国的人都和睦。《诗经》说："容貌举止庄重严肃，成为四方国家的表率。"只有当一个人无论是作为父亲、儿子，还是兄长、弟弟时都值得人效法时，老百姓才会去效法他。这就是要治理国家必须先管理好家庭和家族的道理。

第十章

之所以说平定天下要治理好自己的国家，是因为：在上位的人尊敬老人，老百姓就会孝顺自己的父母；在上位的人尊重长辈，老百姓就会尊重自己的兄长；在上位的人体恤救济孤儿，老百姓也会同样跟着去做。所以，品德高尚的人总是实行以身作则，推己及人的"絜矩之道"。如果厌恶上司对你的某种行为，就不要用这种行为去对待你的下属；如果厌恶下属对你的某种行为，就不要用这种行为去对待你的上司；如果厌恶在你前面的人对你的某种行为，就不要用这种行为去对待在你后面的人;如果厌恶在你后面的人对你的某种行为,就不要用这种行为去对待在你前面的人;如果厌恶在你右边的人对你的某种行为,就不要用这种行为去对待在你左边的人;如果厌恶在你左边的人对你的某种行为,就不要用这种行为去对待在你右边的人。这就叫作"絜矩之道"。

《诗经》说:"使人心悦诚服的国君啊,是老百姓的父母。"老百姓喜欢的他也喜欢,老百姓厌恶的他也厌恶,这样的国君就可以说是老百姓的父母了。《诗经》说:"巍峨的南山啊,岩石耸立。显赫的尹太师啊,百姓都仰望你。"统治国家的人不可不谨慎。稍有偏颇,就会被天下人推翻。《诗经》说:"殷朝没有丧失民心的时候,还是能够与上天的要求相符的。请用殷朝作个鉴戒吧,守住天命并不是一件容易的事。"这就是说,得到民心就能得到国家,失去民心就会失去国家。

所以,品德高尚的人首先注重修养德行。有德行才会有人拥护,有人拥护才能保有土地,有土地才会有财富,有财富才能供给使用。德是根本,财是枝末,假如把根本当成了外在的东西,却把枝末当成了内在的根本,那就会和老百姓争夺利益。所以,君王聚财敛货,民心就会失散;君王散财于民,民心就会聚在一起。这正如你说话不讲道理,人家也会用不讲道理的话来回答你;财货来路不明不白,总有一天也会不明不白地失去。

《康诰》说:"天命是不会始终如一的。"这就是说,行善便会得到天命,不行善便会失去天命。《楚书》说:"楚国没有什么是宝,只是把善当作宝。"舅犯说:"流亡在外的人没有什么是宝,只是把仁爱当作宝。"

《秦誓》说:"如果有这样一位大臣,忠诚老实,虽然没有什么特别的本领,但他心胸宽广,有容人的肚量,别人有本领,就如同他自己有一样;别人德才兼备,他心悦诚服,不只是在口头上表示,而是打心底里赞赏。用这种人,是可以保护我的子孙和百姓的,是可以为他们造福的啊!相反,如果别人有本领,他就妒忌、厌恶;别人德才兼备,他便想方设法压制、排挤,无论如何容忍不得。用这种人,不仅不能保护我的子孙和百姓,而且可以说是危险得很!"因此,有仁德的人会把这种容不得人的人流放,把他们驱逐到边远的四夷之地去,不让他们同住在国中。这说明,有德的人爱憎分明。发现贤才而不能选拔,选拔了而不能重用,这是轻慢;发现恶人而不能罢免,罢免了而不能把他驱逐得远远的,这是过错。喜欢众人所厌恶的,厌恶众人所喜欢的,这是违背人的本性,灾难必定要落到自己身上。所以,做国君的人有正确的途径:忠诚信义,便会获得一切;骄奢放纵,便会失去一切。

生产财富也有正确的途径:生产的人多,消费的人少;生产的人勤奋,消费的人节省。这样，财富便会经常充足。仁爱的人仗义疏财以修养自身的德行，不仁的人不惜以生命为代价去敛钱发财。没有在上位的人喜爱仁德，而在下位的人却不喜爱忠义的；没有喜爱忠义而做事却半途而废的；没有国库里的财物不是属于国君的。孟献子说："养了四匹马拉车的士大夫之家，就不需再去养鸡养猪；祭祀用冰的卿大夫家，就不要再去养牛养羊；拥有一百辆兵车的诸侯之家，就不要去收养搜刮民财的家臣。与其有搜刮民财的家臣，不如有偷盗东西的家臣。"这意思是说，一个国家不应该以财货为利益，而应该以仁义为利益。做了国君却还一心想着聚敛财货，这必然是有小人在诱导，而那国君还以为这些小人是好人，让他们去处理国家大事，结果是天灾人祸一齐降临。这时虽有贤能的人，却也没有办法挽救了。所以，一个国家不应该以财货为利益，而应该以仁义为利益。

再谈外语学习

××：

　　你来短信告诉我英语四级过关的事情，爸爸妈妈都很高兴。这为你尽早参加并尽可能通过六级打下了基础。说实在的，你说年前考试考得不理想，我总觉得有一块石头压在心里，而且你说过，其中一个原因也是准备英语四级考试。现在四级考试过关了，虽然对期末考试有影响，可"一边失去一边补"，总还让你、我感到心理平衡。

　　你还说，这个学期要好好学英语，争取把六级"拿下来"。我想，这个学期的学习很重要，因为一年级要结束，要进行学年考试，而且考试成绩要作为学年考评的重要依据。因此，这个学期的所有课程都要好好学习。当然，你们开设的课程中也有英语，你可以把英语课程的学习和六级考试结合起来，以达到相互促进的目的。这里我特别提醒你如何对待开设的英语课程的学习问题——虽然这个学期英语不算在总成绩里，但是，从长计议，你一定要正常学习开设的英语课程，而且可以像上面我说的那样，把开设的英语课程和六级迎考学习结合起来。千万不能做那种考试而且成绩计入总成绩的课程就好好学，考试但是成绩不计入总成绩的课程就凑合着学，不考的课程就不学的傻事。其中的道理我过去说过——大学时期的学习绝对不单单是为了考试。这样一来，加上这学期课程本来就比较多，估计学习应该更紧张了。那就过更加充实而有意义的学生生活吧，如果能这样，你会有更丰厚的收获的。

　　关于语言的学习方法问题，我想，你也算是有一定的语言学习的阅历了，你一定会经常总结它们之间的异同和各自的规律吧。不断总结、经常比较各种语言的特点、异同,不断总结个人在学习这几种语言过程中学习方法的得与失,及时借鉴他人的学习经验,汲取他人学习效果差的教训,如此坚持下去,对提高自己的学习效果一定会有积极意义。 我个人的想法是,不同类的语言是有共通性的,这样想来,对某种语言有"灵感"的人,对其他语言是否也有接受得比较快的特点?我想应该是吧。

上学期我曾经给你写了专门谈外语学习的信,记得主要包括四个方面:词汇积累、阅读、翻译、写作。相信你结合自己学习的体会,可以总结出一套适合自己的方法。我认为,你到现在已经有一定的外语基础了,就要注意利用一切可能的机会锻炼自己学习甚至是应用外语。我想,这不仅仅是锻炼自己表达能力、提高外语水平的好机会,也是锻炼自己"胆量"和应变能力的好机会。记得过去我曾经听一位新老师讲课,她在大家面前过于紧张,结果把第二个大问题的内容穿插到第一个问题中讲了一些,第二个问题就不好讲了,出现了不必要的重复,显得逻辑混乱。由此可见平时的锻炼多么重要。事实上,在表达能力的锻炼过程中,心态、胆量、应变能力的锻炼也是很重要的。所以,你一定要抓住一切可能的机会积极锻炼,提高自己的综合素质,为以后走上社会打好基础。

回忆我从上学期开始给你邮寄的资料,其中有几篇是专门谈语言学习方法的文章,记得有关于英语阅读一篇、关于英语翻译一篇、关于英语作文一篇。此次再寄去《李岚清音乐笔谈:欧洲经典音乐部分》的《序言》、柳迎彬的《好好说话其实大有学问》以及文红霞评纳博科夫《文学讲稿》的文章《读书读得像侦察》,希望你认真阅读、借鉴。

在《李岚清音乐笔谈:欧洲经典音乐部分》的《序言》中,作者借鉴弹钢琴而且是借鉴"弹错音的冠军"钢琴家阿瑟尔·鲁宾斯坦的解释,启发大家学习外语。"有的人总是谨小慎微,总是放不开,只想到别漏掉某个音,别把邻近的两个音同时压下去,这是害怕弹错音的缘故。他们把鼻子贴近键盘,不断凝视着自己的指尖,小心翼翼,因而并不使全力。其实这些枝节上的考虑都应当排除掉。勃拉姆斯经常误弹音符,可是他却充分弹响键盘,表达出全部的音乐意境。 这是由于他是伟大的音乐家,……""我经常参照他讲的道理,启发青年学生如何提高外语学习效率和水平,强调要勇于开口,敢于多说,不怕讲错。""试想一想,如果你总是怕讲错而不敢讲,那你也就永远不会讲。敢讲是主要的,讲错是次要的,不能因小失大。你讲错了,无论是别人向你指出或者事后你自己意识到了,你以后就不至于出同样的错,这不是收获吗?"

　　我读了《好好说话其实大有学问》以后，觉得对于学习语言最大的启发在于应注意遣词、造句、发音的准确性和发挥有声语言的魅力。当然，文中关于做好主持人应该具备的素质对于我们平时与人交流也是有借鉴价值的。你可以结合自己的实际情况，把这些文章系统地读一读，去体会、应用，这样效果会好一点。

　　弗拉基米尔·纳博科夫（1899—1977）是在俄罗斯出生的美国小说家、诗人、文学批评家、翻译家。他的《文学讲稿》依次品评了简·奥斯丁的《曼斯菲尔德庄园》、狄更斯的《荒凉山庄》等七位优秀作家的作品，原来只是用以课堂授课的笔记，由后人编辑成书。文红霞的文章中介绍了纳博科夫的阅读观："阅读的时候不要先入为主，而是要把它当作一件同我们了解的世界没有任何明显联系的崭新的东西来对待。研究得越周密越好。""想从书中寻找情感的寄托，或者把自己当作书中的一个人物，或想学会如何生存的阅读，都是等而下之的阅读。一个优秀的读者必然是一个成熟的读者，一个思路活泼、追求新意的读者，在反复阅读中去感受艺术满足的战栗，去分享作者的情感（而不是作品中人物的情感），那种创造的喜悦与艰难。""拥抱细节吧，那些不平凡的细节。""我的课程是对神秘的文学结构的一种侦察。""一个读者若能了解一本书的设计构造，若能把它拆开，他能更深地体悟到该书的美。"当然，纳博科夫所说的阅读，已经远远超越了我们通常所说的外语学习的层次。我为什么在这个学期给你提供这份资料？是认为你的水平已经到了一定层次，长篇不敢说，短篇的外语文稿应该差不多能阅读了，而且除了学习外语，养成阅读高层次材料的习惯对于以后的学习、生活和工作都是有益的。

　　为了督促和帮助你学习语言，以后我还会有意收集一些语言学习方面的资料，分次邮寄给你。每次邮寄的资料都是我认真选择的，所以我多次要求你一定要看，要思考对你有没有借鉴意义。长期这样，对你的水平的提高会起到潜移默化的效果。我也多次说过，你现在不在爸爸跟前，我能做的也只有这样了。希望也相信你能理解我的用心。其实，我在教育你的同时也教育了我自己。你想，爸爸不自己做好，有什么资格教育你呢？

　　电子词典如果修不好就及时告诉我，我给你充钱时多充一些，你再买一个，对学习有利的事情多花点钱是应该的。

　　过了年我又和你的老师联系交流了一次，老师的意思你这个学期一是要提高学习成绩，二是要把工作做好，学生入党，在个人提出要求的基础上，主要看自己的综合成绩。我在你的高中阶段多次对你说过，要想取得成绩，必须做到三条：用功、专心、方法对。其实做任何事情要取得成绩都要如此。

　　春节时，有人给我申请了 QQ 号，说便于留言，省电话费，我用了几次发现并不方便，因为需要常常打开电脑看看，有时候会误事，所以近几天也就不用了，看来我对现在新兴的通信手段已经不适应了，看来我继续学习的任务很重，计划近期学学办公自动化以及网络通信技术，但是，我总是认为，传统的书面的东西有它的优势，看到一般人在工作过程中不用笔墨纸张了，我有时候还真的感到惆怅。我们之间还是用书信交流，具体的应急的事情电话或者短信联系吧。

爸爸

×年×月×日

关于入党（一）

××：

　　根据你说的情况，有时候听党课和上英语课的时间安排有冲突，作为学生干部，你有责任给学院提建议，党课要利用各班级、各专业绝大多数发展、培养对象和入党积极分子都能集合起来的机会来上，也可以分批次组织上。不论是对党员还是对要入党的人，上党课都是很重要的。比如，对于党的基本知识的学习，如果是自学，个人的理解可能就难以全面和深刻，在个人自学基础上参加党课学习，听听讲课人对于党的基本知识的解读，对于帮助自己深入全面地理解党的基本知识肯定大有裨益，而且上党课还给自己创造了交流和请教的机会，所以，一定要重视上党课。

　　至于这一次能不能入党，关键要看自己的努力——好好做人，好好工作，好好学习，注意汇报自己的思想，不断要求进步，一定会成功的。不要急躁，如果几个月的考验都经不起，那是没有进步的希望的。

　　我反复提醒你，一定要解决好为什么入党的问题。因为这个问题是非常重要的，关乎世界观、人生观、价值观，那种为了一己之私而入党的观念对于自己人生的发展是消极的，甚至是危险的。

　　也是你积极要求入党的缘故吧，这次清明节我回家扫墓，站在你老爷爷和你二老爷爷的坟前以及回来的路上，我想了很多。他们两位老人都是战争年代就参加了革命，都是新中国成立前的老党员，我曾经问过他们为什么参加革命，"中国的地方能让日本鬼子占领吗？"这就是当时他们的回答。我小的时候常常跟在他们身边，见证了他们对待利益、对待工作的态度。对于组织给的照顾他们能推辞则推辞。你二老爷爷多次说过,想想那些牺牲的战友,活着就很知足了。你老爷爷临终前几天还要我一定好好学习,说他就是吃了没有文化的亏,不然还会干更多的工作。我想,新中国成立后他们得到组织的照顾也未尝不可,安享晚年也未尝不可,但是他们却能有这样的觉悟,这是多么难能可贵。事实上这也是他们那一代共产党人的本色,是永远值得我们学习的。

这次清明节期间我也去了你姥姥家,和你姥姥的一番对话也让我思考了一些人生的道理。由于你姥爷去世的打击,你姥姥的思维有点混乱了。她向我提出了几千年来人类渴望破解而又一直无能为力的人生命题。她问我:"人能不死吗?"我心头一沉,可也只能回答她"能",她又问我:"怎么办才能不死呢?"我说:"只要好好吃饭,生活有规律,就能行。"她还问我:"死了的人能再治活吗?"我还是只能说:"能。"她让我想想办法,把她的一些亲人治活,名字说得清清楚楚,还说就是花钱也行。我临走的时候她还让我回头办办这件事。我让她问得心情很沉重。虽然她的思维有一些糊涂了,但是对亲人还是印象深刻,还是感情真挚,还是思念、眷恋。而且从她的问话中看得出来,亲人的去世对她的打击是多么大,或者说她清醒的时候想长生不老但是知道不现实,所以就没有说出来,糊涂以后不能控制自己所以就问我了?

人总是要死的,活着的人往往有几种人生观,我们只有选择那种努力做出成绩而这种成绩最好是奉献社会、服务大众的人生观和价值观,才能使得自己的一生有积极的意义。我小的时候学习雷锋精神,记得雷锋有一句话"人的生命是有限的,而为人民服务是无限的"。借用这句话勉励自己,就是要在有限的生命中做出最大的成绩。当然,在条件具备的前提下,苦行僧式的生活方式也不是我们所提倡的,全面地讲,应当是干好事业、过好生活。事实上,只要你做出了成绩,对社会有所贡献,社会一定会回报你的,而且这种回报一般与你的成绩成正比。

寄去《党员干部之友》2006年03期姜明文《正确对待进步和晋升》一文,我觉得文章里的一些观点,诸如努力是基础、以平常心对待进步、相信组织等都很有道理。因为你要入党,但是不可能一帆风顺,所以看看这篇文章,会对你有所启发。

这一段时间不是很忙,我读了一些书和文章,主要是文科的东西,其中还有你买的《科幻世界》杂志里面的几篇小说,还有我原来借的《新旧约全书》。读这些书籍,一是让我增长了文科知识,二是唤起了我的写作欲望。所以,我就在已多日不用的笔记本中写了一些东西。

本周我看了一篇报道——《网痴气死妈》。看了以后很有感触:你们在外面上学，家长在家里可是挂念的。我希望你们宿舍同学之间就这方面的问题加以讨论甚至在班级或者系里开展一些这样的讨论，以正确的舆论导向引导同学——如今的大学生应当怎样做才能对得起家庭、学校、社会，其实是应当怎样做才对得起自己。

爸爸

×年×月×日

书信四 📮

写在你十八岁的时候

××：

今天是你的十八岁生日。

这一天是爸爸妈妈盼了十八年的日子，天下父母养育儿女，都是为了让儿女长大成人、成才。到今天为止，从年龄段上讲，你长大了、成人了，爸爸妈妈的第一个心愿实现了。至于品行、能力方面的成才，需要你做出长期的不懈努力。一个人的成人、成才，尤其要看其年轻时候的追求，只要打下坚实的基础，就能厚积薄发，有所成就。如果少壮不努力，那就只有老大徒悲伤了。这正像作家柳青所说的"人生的路是漫长的，但紧要处却只有几步，特别是当人年轻的时候"。就社会意义来讲，从今天开始，你已经成为一名有选举权和被选举权的公民了。我想，作为成年人，你最好学学《中华人民共和国宪法》以及其他法律法规中"公民的权利和义务"的有关条款。你具有了享受公民权利的资格，也具有了承担公民义务的责任。作为成年人，凡所思、所言、所行，都要站得高一点，看得远一点，表现得更成熟一点，为家庭、为社会，说到底是为个人负责，做一个有理想、有抱负，肯努力、出成绩的人。

我把英国著名作家、诺贝尔文学奖获得者拉迪亚德·吉卜林（1865—1936）给他儿子写的一首如何才能经受住人生旅途中可能遇到的种种精神考验的励志诗寄给你。拉迪亚德·吉卜林是 19 世纪末英国诗人，他的诗仿佛在不经意中完成，却往往产生巨大反响。一位作家这样评价拉迪亚德·吉卜林："不仅在文学上，乃至在世界上的所有英语国家中，他都被认为是最具影响力的人。"《如果》曾被译成 27 国语言作为教学材料，许多人，特别是青少年常以此勉励自己，作为激发前进的动力。希望你细细体会和认真领悟这首诗的深刻内涵。我想,你如果能够做到诗中所说的,也就算"长大成人"了。我邮寄的是翻译过来的内容,为了锻炼你的翻译水平,希望你查查原文,并且自己翻译一下,看看是否和我邮寄的资料有可比之处。

上次写信,我专门和你交流了为什么入党的问题,这次利用祝贺你十八岁生日的机会写信,除了上面对你的提醒以外,继续和你交流一下树立正确的世界观、人生观、价值观的问题。这几天,我看了《党政干部文摘》2006年03期李培超的《我们需要什么样的幸福观》,这篇文章中提出的"幸福在于不懈奋斗,勇于创造;幸福在于精神高尚,内心平和;幸福在于身心健康,保有活力;幸福在于独自体会,与人共享"的观点很有借鉴意义。我过去说过,当一个人有了成就的时候,最值得长久回忆的是追求的过程。很多人,物质方面应有尽有,为什么却并不感到幸福?这往往是精神世界的空虚所致。我的这些观点和这篇文章的观点基本一致。另外我也说过,单纯为了自己,即使有了成就,也只是狭隘的幸福观,通过自己的努力为尽可能多的人谋福祉,才是一种高层次的幸福观。如果你把这些观点和一些人交流,也许会有人说这是唱高调,其实,从你小时候到现在我都是向你"灌输"这样的人生理想的。如果说付出是为了个人的回报,那么你真的达到了这样的层次,社会也一定会对你的付出给以回报。那种付出以前先算计个人回报多少的做法是世俗的、低层次的。希望你结合自己的入党动机深入思考这些问题。

作为年轻人,我认为尤其要树立为人生理想和目标奋斗就是幸福的人生观、价值观。不然的话,在人生的发展道路上,在遇到困难和挫折的时候,在看到他人吃喝玩乐灯红酒绿的时候,自己很容易会产生畏难情绪,会觉得委屈、不值,很容易打退堂鼓。我曾经读过爱迪生的儿子理查德·爱迪生写的《我的父亲爱迪生》,爱迪生的有些话我至今记忆犹新:"工作有成就,是人生唯一的真正乐趣","天才是百分之一的灵感加上百分之九十九的血汗","我的成就全是凭辛苦工作换来的","如果你能为我指出一个完全满足的人,我就可以断言他必定是个失败者","睡眠有如药物,一次服用太多,头脑就会不清醒。你就会浪费时间,活力减少,错过机会","从12岁起,我就没听见过鸟叫。但是耳聋对我不但不是障碍,也许反而有益","我们并未失败。我们现在已晓得有一千种方法是行不通的,有了这些经验,便容易找到行得通的方法"。这些都是爱迪生对待幸福、对待成就、对待付出、对待困难和失败的态度,相信对于今天有志向的年轻人仍然会有积极的教义。另外,书中介绍的爱迪生生命不息、奋斗不止的拼搏精神对我触动很大:"在80岁高龄时,他还开始研究一门以前未曾研究过的学科——植物学,想在当地植物中找出橡胶来源。他和助手们把 17 万种植物加以试验和分类之后,终于研究出从紫菀科植物中抽取大量胶汁的方法。""83 岁时父亲还拉母亲去热闹的纽华克机场,看一个真正的飞机场的实际情形。他第一次看到直升机的时候,笑逐颜开地说,'我一向的想法就是这个样子'。于是他又开始设计,对于那架不大为世人所知的直升机提出了许多改进意见。"希望你想办法找到这些资料读一读,相信一定会有所启发。

当然,作为年轻人,人生的理想和奋斗目标应该定得高一些,所谓"取法乎上,仅得其中,取法乎中,仅得其下",目标太低,俯身既得,往往容易使人自我满足,停滞不前,影响了自己一生的成就。像我上面说的,通过自己的努力为尽可能多的人谋福祉,是一种高层次的幸福观。另外,把努力追求自己所从事领域的高水平当作人生的快乐,也是一种高层次的幸福观。切记:思想决定言行,言行决定习惯,习惯决定风格,风格决定命运。

上次你在电话里说,近期事情比较多,越是这样,越要处理好学习、工作和生活的关系。希望你好好记住并能领会我过去说过的话:别人学习的时候你可能要去工作,别人玩的时候你又想一起玩,那你什么时候学习?处理好了,学习、工作就能双丰收。

爸爸

×年×月×日

●●·· 附寄学习资料

如果

拉迪亚德·吉卜林

如果周围的人毫无理性地向你发难,你仍能镇定自若保持冷静;
如果众人对你心存猜忌,你仍能自信如常并认为他们的猜忌情有可原;
如果你肯耐心等待不急不躁,
或遭人诽谤却不以牙还牙,
或遭人憎恨却不以恶报恶;
既不装腔作势,亦不气盛趾高;

如果你有梦想，而又不为梦主宰；

如果你有神思，而又不走火入魔；

如果你坦然面对胜利和灾难，对虚渺的胜负荣辱胸怀旷荡；

如果你能忍受有这样的无赖，歪曲你的口吐真言蒙骗笨汉，

或看着心血铸就的事业崩溃，仍能忍辱负重脚踏实地重新攀登；

如果你敢把取得的一切胜利，为了更崇高的目标孤注一掷，

面临失去，决心从头再来而绝口不提自己的损失；

如果人们早已离你而去，你仍能坚守阵地奋力前驱，

身上已一无所有，唯存意志在高喊"顶住"；

如果你跟平民交谈而不变谦虚之态，

抑或与王侯散步而不露谄媚之颜；

如果敌友都无法对你造成伤害；

如果众人对你信赖有加却不过分依赖；

如果你能惜时如金利用每一分钟不可追回的光阴；

那么，你的修为就会如天地般博大，并拥有了属于自己的世界，

更重要的是：孩子，你成了真正顶天立地之人！

书信五

第二次校访

××：

我从你那里回来一进家门，你妈妈第一句话就是问你在那里还好吗。我说，你的状态不错。你妈妈怨我说得太笼统，糊弄她。我知道她为了省钱自己不去，也知道她心里比我更挂念你，就和她具体地说了说你在学校里的情况。而且告诉她，这次去，看到你的状态很好，我也感到很欣慰。这次去，除了和你交流及观察之外，我也向你的老师和同学了解了一些学校、系、班级尤其是你的情况，总体情况令我感到满意。听了我的这些话，你妈妈高兴的心情溢于言表。

我和你妈妈除了交流你的情况，也交流了一些我们教育你的得与失。

一、关于独立生活的能力

生活上，还是要注意先留出吃饭的钱才能干其他的，不能为了其他方面从牙缝里抠钱。俗话说，兵马未动，粮草先行。吃不饱饭怎么能安心做事？军训时事先告诉我，我们多给你一点生活费，别没有累垮但是却饿垮了。我仔细看了你们的宿舍内务，觉得你除了内衣、袜子随换随洗外，一周洗一次衣服的做法也是对的，但是你床下的书桌不如同学的整洁。除了整理好自己的内务，看到宿舍、教室需要打扫了主动收拾，这是很好的做法。"一屋不扫，何以扫天下"，做事情、出成绩，要由小到大。

你妈妈对你生活上无微不至的关心和照顾，养成了你和我一样存在生活自理能力差的缺点。我是由于出身于农村，又是男孩，大人认为男人不该做家务，所以不教育我做这些事，后来我又一门心思地想做出一点成绩，不再想这方面的事情，加上你妈妈的贤惠"害了我",一个人独立生活的时候这种缺点就暴露出来了。其实你比我还强,只是我们都需要改进,而不能以这样或那样的理由寻找借口。我想,你在四年大学的独立生活过程中,会注意锻炼和提高自己的独立生活能力的。其次,生活上的事情,好多都是举手之劳,养成习惯以后不会感到烦的。我说我的独立生活能力差,主要是指在家里做饭洗衣方面,在外面比如打扫办公室卫生、参加集体劳动等,我是很注意的,所谓"公私分明"。这一点希望你借鉴而且希望你在生活琐事方面也处理得比我好。我之所以在这些方面也唠叨,很重要的原因也是提醒你避免出现我的缺点。

二、关于独立处理问题时的决断能力

可能我对你做人、学习、工作等方面管得太多,替你考虑得太细致,时间长了,形成了你做事有时候自己拿不定主意的缺点,尤其是当你不在我身边的时候,让别人看起来好像不能负重。说心里话,这只是外人看到的表面现象,所以我在前面加了"可能"。因为根据我对你的了解,你应当有头脑,有一定的独立能力。再说,我们之间交流得不少,很多时候我们不都是交流以后才确定做什么、怎么做吗?而且我很注重让你自己做。也可能是我平时对你的要求很严格,造成了你做事以前怕出漏洞所以犹豫的缺点。不管怎么说,以后我要更加注意对你独立能力的培养,你也要注意锻炼自己处理问题的独立决断能力。我想,处理问题的时候,首先自己不能有私心,这是可以大胆决断的前提。这样即使事后出一些偏差,也不会招来太多的埋怨。另外,能不能当机立断,也要看事情的大小和急缓。一般日常生活的小事又要马上处理的话,可以在处以公心的前提下按规定或者惯例随机处理。一般日常生活的小事如果不用马上处理,可以缓一下,至于怎么处理,有时候顺便就有了主意。我处理这些事情的前提也是不要过多考虑自己的一些鸡毛蒜皮的利益,考虑多了,一是累,二是叫人看不起,因小失大。至于大一些的事,一般关系到全局的整体利益,或者关系到个人的前途命运等切身利益,这时候处理起来确实要慎重。如果是集体的事,不急的话,就要事先或者开会研究,或者向有代表性的人征求意见,拿定主意以后一般还要向上级汇报,征得批准才能实施。《中国共产党章程》中有一段话很有参考价值:凡属重大问题都要按照集体领导、民主集中、个别酝酿、会议决定的原则,由党的委员会集体讨论,做出决定。我看关键是如何使自己的意见得以采纳,要注意个别或公开、事先或在会上说服大家。大事一般都是不急于决断的,冷处理更好一些,有考虑的时间和空间,能拿出稳妥的意见。我常说的"又不是救火急什么"就是这层意思。遇到个别需要急于决断的大一点的事时，先看看身边有没有应当或者可以商量的人，有则简单商议，无则随机应变，当断则断。前提还是不要让人认为你以自己的利益得失为中心。再者事后一般要给有关上级汇报，对有关人说明。至于自己的大事怎么处理，前提是以事业为中心，也要尽量找你信得过的人尤其是系领导、老师请教，至于我和你妈妈，传统习惯，一般是生活上的事情找你妈妈商议，学习、工作找我商议。

不论是怎样的情况，都不能让大家觉得你无主见、优柔寡断、不能负重、没有担当一方面的责任的能力。这一条你尤其要注意。其实你不是这个样子，只是有时候他们在没有深入了解你以前看到了一些你不多言语的表面现象就下了结论。因为你从小得到不少的锻炼，特别是独当一面的锻炼，又是有头脑、有志向的人，一定会随着年龄、阅历的增加，成为更加成熟稳健而又更有能力和魄力的人，只是要经过一个阶段的时间，通过对一些问题的处理让大家来认识你。

三、再提学习

学习还要再上一个台阶，至于怎么做才能达到目的，我想你差不多已经找到学习的规律了吧。不过老师说的把单词造句和多问老师的方法，我想还是很有道理的，希望你能借鉴。一定要让工作促进学习，不能因为工作影响学习。至于学生会干部竞选的参与与否，要多和你认为有经验的老师、领导、师兄们交流，我的意见也只供参考：我就是怕你积极争取，竞选成功但是没有做成事，辜负了大家的期望，对你以后也有不好的影响。

四、我的反思

在和你妈妈交流去你那里的情况以后，我对你妈妈说，我自己都觉得自己太婆婆妈妈了，倒是你妈妈说你会理解我的。其实我也知道你在那里会好好做的，我就是自己觉得要尽家长的责任，陪伴你成长。这一次，出版社组织去外地开会，我没有去，单独到出版社去，其实也是为了一举两得——做我的业务，见你、你的同学、你的老师，这就是我所说的"校访"，我常说，老师可以家访，为什么家长不能"校访"？提倡校访也是我一贯的教育主张。作为家长就是这样，所谓"不由人"。特别是我，明明知道自己的孩子综合素质不差，可就是想让你更上一层楼，所以就觉得必须勤过问。也可能是自己过去无论是生活还是受教育的条件太差，爸爸就不愿让你生活再"受委屈"，成长方面应该扶你一把；自己生活不很顺心，爸爸就怕你走我的老路；自己的事业太不理想，爸爸就把自己许多没有成为现实的理想寄托在你身上了。种种原因，导致爸爸老是像有心事一样去过问你的事——这是很多中国家长的想法和做法，其实不一定正确，甚至还会有消极作用。我以后也要尽量克制自己，只要你有上进心，有事业心，肯付出代价，就会有所成就。至于方法，那要具体情况具体分析。

我平时老是想，我要是有你的条件该有多好啊，那爸爸就不会是现在这个样子了。所以，我是多么希望你能珍惜机会，尽自己所能去创造自己的未来啊。我相信你会这样努力的。

老师说，"五一"放假比较长，是处理一些平时积压的问题以及学习、补课的大好机会，希望你按照老师说的去做，千万不能过了"五一"以后，再后悔白白浪费了假期。

爸爸

×年×月×日

我的"五一"假期总结

××：

　　今天是"五一"假期最后一天，我利用给你写信的机会也总结一下我的假期。

　　假期以前单位开运动会，我参加了几个项目。上午的 400 米比赛中，由于过高估计了自己，一开始跑得太快，最后没有体力了，结果得了第五名。由于疲劳，我上午在家睡觉休息，下午的项目马上开始了才匆忙到场，没有做好准备活动，1 500 米比赛中跑了第四名；接力我们组取得第二名。尽管在青年组中我是最大的了，但是注意一些细节的话其实成绩还能再好一点。我之所以想参加，就是想使自己心态年轻一点，可是不得不承认体力下降了，思想懒惰了。年轻多好啊！

　　"五一"期间，我把思考积累了一年多的材料整理了一份《编写提纲》给出版社邮寄去；为了锻炼和考验自己，骑自行车回了一趟老家；读了冰心的一本诗集《繁星·春水》并做了笔记。另外，好长时间以前我就想比较系统深入地了解一些宗教知识，苦于没有机会，所以这次我专门读了《佛教精华》等专辑。

　　对了，我还参与了同学的聚会活动，感受最深的是，大家毕业多年了，但是由于各种原因，有的同学成绩并不理想，有的甚至不好意思来。

　　总的看，我收获不少。不知道你假期过得充实吗？有没有积极的价值？

　　读书过程中，摘录了一些我认为的"经典"，附在信后邮寄给你。

爸爸
×年×月×日

附寄学习资料

"五一"读书笔记摘录

《繁星·春水》——

《繁星》

嫩绿的芽儿,和青年说:"发展你自己!"

青年呵!为着后来的回忆,小心着意地描你现在的图画。

冷静的心,在任何环境里,都能建立更深微的世界。

《春水》

青年人!你不能像风般飞扬,更应当像山般静止。浮云似的,无力的生涯,只做了诗人的资料呵!

青年人!珍重的描写罢,时间正翻着书页,请你着笔!

我在读书笔记中写上了:有的文学作品之所以能够成为名著,其中一个原因就是,不论哪一个时代的人读了它以后都会从中受到启发,得到教育。你说对吗?

《智者的回答》——

吃饭的区别:

有人问大哲学家亚里士多德:"你和平庸的人有什么不同的地方?"亚里士多德回答:"他们活着是为了吃饭,我吃饭是为了活着。"

活着的意义:

一个满脸愁苦的病人问安提丰:"活着到底有什么意义?"安提丰说:"我至今也没有弄清楚,所以我要活下去。"

最困难的事:

有人问古希腊哲学家泰勒斯:"你认为人活在这个世界上,什么事情是最困难的?"泰勒斯回答说:"认识你自己。"

播种习惯、收获命运:

美国总统中,纵使是脾气最好的林肯也会发脾气。有一次,林肯就因为一件小事毫不留情地训斥了一个小男孩,因为这个小男孩总是在玩一个很蠢的游戏。小男孩不服气地说:"你干吗为一点鸡毛蒜皮的小事而斥责我?""你经常这样做就不是鸡毛蒜皮的小事了。"

母亲节的思考

××:

母亲节到了,你妈妈回家给你姥姥过了生日——在艰苦的年代,尤其是新中国成立前,男尊女卑,女的不仅没有自己独立的名字,就连生日也没有人给她记住,以至于现在儿女为了表达孝心只好在母亲节为她老人家过生日了。晚上吃过饭,我和你妈妈到办公室,说了一会近期的情况,你妈妈还特意提醒我明天一定给你充生活费。

近期工作以外的事特别多,我和你妈妈都很忙。你爷爷那里、你姥爷家,还有我的同事的不少事情都要去办,也要花钱。对你说这些,是因为你已经成年了,让你知道普通人家家长里短的事太多,很不容易。要趁年轻好好努力,尽量打下好的基础,以后生活的压力小一些,才能有精力多做一点事业。

今年你表哥要考试了。我和你妈妈昨天晚上去了一次,说了说考试时要注意的问题。你妈妈说,我对他们的关心和对你的关心没法比。其实你妈妈说的是实话。过去我对你说过一句话:我能做到"己所不欲勿施于人",可是我做不到"老吾老以及人之老,幼吾幼以及人之幼"。今天你妈妈回去给你姥姥过生日我就没有回去,虽然工作忙,但是如果有真心也是能挤出时间来的。你想,如果给你奶奶过生日,我能只让你妈妈回去吗?即使忙我也会利用中午的时间回去的。还有就是今天上午你姑带着孩子来玩,你还记得我说他小时候多好多好吗?他现在比以前调皮了,所以我也不像在他很小的时候那样喜欢他了,也就没有耐心教育他了。其实,要是自己的孩子,尽管有这样那样的缺点,父母不论采取什么样的措施都会尽心尽力去教育的,改正是最终目的——爸爸在你身上不就是这样做的吗?尽管爸爸很多时候对你过于严厉，事后，尤其是不当着你的面的时候，爸爸也感到不忍（你妈妈就更如此），现在有时候想起来还是感到有些愧疚于你。可是，当看到你一步一步朝着积极的方向进步的时候，你是很难知道爸爸妈妈内心的感受的——还有什么比孩子的进步更能让父母高兴的呢？对于独生子女家庭，更是如此。

　　我一边给你写信一边检讨自己。以后我要加强修养，使自己朝着"老吾老以及人之老，幼吾幼以及人之幼"的方向进步。近期常常想：等你生活能独立了，我要多为社会上需要帮助的人做一点贡献，或者在老家设一个什么奖学金，鼓励咱们老家的家长好好供养孩子上学，鼓励咱们村的孩子好好学习。我常常苦于没有能力为老家做大一点的贡献。这一生但愿在这方面不再留下遗憾，哪怕是你有了成就帮助爸爸实现这个愿望也好。

　　今天还是公务员考试的日子，据说平均一百几十个录取一个，其竞争的残酷可想而知。据参加考试的人讲，这种考试知识面宽不说，题目的答案也是很难决断，尤其是作文，如果平时很少写东西，根本不知道如何下手。我对你说这些，就是为了提醒你平时注意积累，努力打好基础，这样才能在关键时刻脱颖而出。其实就是不为了考公务员，平时的积累尤其是多动手写些东西也是必需的，只有厚积才能薄发嘛。这个学期你们要军训，需要提前考试，所以你一定要早计划、早行动，深入全面地复习，做好迎考准备。

　　虽然你不要我多充钱，但我和你妈妈考虑，要准备军训了，天热了，你可能也要买一些衣服，所以还是要多充一点。我们完全相信你不会乱花钱，我们是担心你从生活费里抠出钱来用在其他地方。你想，没有好的身体，其他一切都无从说起。所以，一定要先保证吃饭，而且一定要吃饱，特殊情况下可以吃得好一点。真要用钱，就直接告诉家里，我想你是明白爸妈对你花钱方面的态度的。这些日常生活小事，应当不费心思就能处理好，不然怎么能有精力做学问、做工作？

爸爸

×年×月×日

关于入党（二）

××：

　　关于入党的政审材料，本周五办好以后我们单位就会按照要求邮寄给你的学校。至于能不能顺利入党，我的态度一贯是：一要看自己的努力；二要相信党组织会公正、公平地对待你并以这样的原则和方法解决你的入党问题。大一的学生一般不能入党，主要就是因为入学时间太短，大学里的党组织对你们的了解不够全面、不够深入。对你来说，这次能解决组织问题也好，但是，不解决也有积极的作用——延长一段时间也是对你意志的考验，再说，如果这次不能解决，说明你一定还有不符合党员标准的方面，需要你继续努力。你一定不能松劲，也不要认为反正就是时间问题。你一定要牢记，时间就是对你的考验，所以，一定要在修养、学习、纪律、工作、团结各方面经得住考验，并且要进一步努力，取得更好的成绩，只有这样，才能给党组织交上最优秀的答卷。我最担心的就是你认为反正就是时间问题，从而出现等、靠的想法和做法。

　　军训以后，放假以前，写一份总结——一是军训的收获，二是如果不能解决组织问题，就对这次没有能从组织上入党表个态，找出自己的差距，制定改进的措施，请组织培养并考验自己。

　　此次随信邮寄陈国祥《从丛飞遗言看当代大学生的缺失》文稿一份。相信通过近期的宣传你已经知道了丛飞这个人。他是一个歌手，后来患了绝症，可是一直坚持义演募捐，为社会做贡献。当他患了绝症的时候，社会也尽了力，可是科学技术总是有一定的限度，他还是过早地走了。丛飞留给女儿的遗言："乖宝贝，你长大了要好好地学习，听妈妈的话，和同学们处好关系，走向社会后要学会忍让和宽容！向有知识、有道德的人多学习，虚心才能进步！做一个对祖国、对人民有用的人。"我觉得这些话对于你们已经长大的大学生仍然适用。"当代大学生，也被称之为'80后'的大学生，他们有许多优势：思想活跃，知识面宽，多才多艺。但是他们成长的家庭环境和社会环境，使他们中间的一部分人常常以自我为中心，缺少忍让和宽容，得理不饶人，没理也不饶人，更不能设身处地地为别人考虑。"细细体味文章中的一些观点，诸如："人的一生不可能一帆风顺，样样满足。一切以自己为中心，事事顺着自己的心办，只是特定时期、特定社会和家庭环境给某些人的恩赐。""人必须有化解矛盾的能力，有接受不同意见的气度。只有自觉地融入社会，社会才会给你创造发展的机遇。你必须首先接受他人，集体才能为你搭建发展的平台。一味地强调自我，一旦成为一种习惯，成为一种性格，那将是十分可怕的。"努力修正自己的缺点，力争为社会做出贡献，就是活着的人的最积极的人生态度。

爸爸

×年×月×日

书信九

军训，训什么？

××：

　　今天早上和你通了电话以后，知道你们马上就要军训了。爸爸觉得在军训以前有些问题还是要写信和你说一说。

　　军训一方面是按照军人的要求训练坐、站、走、跑等规范的姿势和严谨而有规律的生活习惯，另一方面也是很重要的，那就是锻炼自己吃苦耐劳、遵守纪律、一切行动听指挥的作风。尤其是对你们这一代年轻人，这些方面的锻炼是非常有必要的，甚至会使你们终身受益。我没有当过兵，也没有参加过军训，从一些生活细节中就能看出我的非军人气质，这就是遗憾。你也没有当过兵，所以你尤其要珍惜这次军训机会。可以事先学习一下"士兵条例"之类的内容，甚至可以组织同学们一起学习，做到心中有数。军训期间，从心里把自己当成一名军人，按照军人的标准要求自己。你是班长，军训期间更要带头吃苦、带头服从命令听指挥。军训期间一定还会组织一些学习以及其他活动，也要主动组织、积极参加。

　　就我们之间在电话里交流的情况看，军训期间你们最大的困难可能就是克服"苦"和"累"的问题。在我小时候接受革命传统教育时，有一句很响亮的口号——"苦不苦，想想红军两万五；累不累，想想英雄董存瑞"。参加工作以后，我有意读了一些关于长征的专题材料，对长征有了比较完整、客观和深入的认识：长征的苦和累真的不是一般环境所能比拟的，但最终还是被勇敢顽强的红军将士们战胜了。和他们比起来，军训的苦和累又算得了什么？

　　就你本人来看，其实从小到大也接受了一定程度的吃苦耐劳方面的教育和锻炼。还记得你上学前班的时候，我们从火车站回家，至少也有十几里路，我们两人一路走着回家，在路上你要喝水我都没有给你买，要求你必须走到家才能喝水。还有就是你初中毕业以后我们去北京，为了省钱住在离天安门广场十几里的居民楼的地下室里，早上为了去天安门广场看升旗，我们四点就起床然后走着去，加上第一天的奔波，你说困、累、饿，想打的、想买东西吃，我仍然强制你必须走着去，必须看完了升旗才能吃饭。从你记事开始到现在，这样的例子能举出很多，当时你委屈甚至生气，但是还是按照我的要求做了。其实那时候我心里也是不忍，以至于现在想起来都觉得有点过，我和你妈妈交流对你的教育的时候，你妈妈几次都说我对你有点"残忍"。但是为了锻炼你必须这样做。我想，现在你该明白我的用意了。

另外，越是在艰苦的环境中越要注意发扬奉献精神、团结互助的精神、集体主义精神，越要注意加强组织纪律性，一切行动听指挥。作为班干部尤其应该如此。上面说到长征的艰苦，我年轻的时候曾经读过王愿坚的《三人行》，上学的时候学过王愿坚的《七根火柴》等讲述红军长征历程的短篇小说。《三人行》以红军过草地为背景，描写了三位受伤的红军战士相互救助、艰难前进的一段情景，表现出红军战士无所畏惧、勇于自我牺牲的崇高品质。指导员王吉文身负重伤，又只能以几片车前菜叶充饥，在背小周一人都力不能支的情形下，师长却命令他再背起一名受伤的士兵，他有过犹豫，但为了多救一条同志的生命，他还是咬紧牙关，接受了任务。他硬是挺着，一次背一人往前，走了十七八次来回，直至自己伤口迸裂，昏倒在地……《七根火柴》中的那位小战士，为了给队伍送七根火柴，他自己在最需要火的时候也没有动一根火柴，最终献出了自己的生命。这些内容，读来感人至深，所以我到现在还有深刻的印象。我想，我们这一代人之所以大多数具备吃苦耐劳的品质，除了艰苦生活的锻炼外，接受的传统教育也起了很大的作用。希望你到网上收集一下这些经典资料，找出来认真读一读，对你的军训一定会有裨益。

你收到我的信时，年终考试成绩可能就已经出来了。希望你能根据自己的考试情况好好做一次总结。找出学习的成绩和不足，制订一个切实可行的补课计划。军训期间只要有一点可能，就千万不能忘了学习专业知识。

你一定注意按照我的意思，在军训以后一要用书面的形式好好总结军训期间自己的表现、自己的收获，二要把军训中得到的收获用到以后的学习、工作、生活当中，并且要注意保持和发扬。我想军训的历史意义就在于此吧。

关于和新、老辅导员的关系协调问题，我们不能做"近视眼""势利眼"，既要服从新领导，又要尊重老领导。不用我多说，你会理解的。

你说大家都在紧张准备参加军训，所以此封信就不再多写了。

祝军训一切顺利，取得优异成绩。

爸爸

×年×月×日

过一个充实而有积极意义的暑假

××：

　　这次暑假，是你大学生活的第一个暑假，假期这么长，如果充分利用，过得充实，那将会很有价值，也为你以后过好大学假期提供借鉴。在前面的信中我说过，我对你第一个寒假生活不是很满意，当然，寒假正值春节时期，虽然是假期，但是迎来送往也是无奈，除了时间不自由以外，有时候想安心做点自己的事情都很难有安静的环境。但是暑假就不一样了，时间长，干扰少，虽然有时候热一点，但是条件今非昔比，我考虑，过好这个暑假对你有重要的积极意义。

　　我看还是按老习惯，在认真全面地书面总结本学期思想、学习、工作、生活等情况的基础上制订暑假计划并努力去落实。其实你的暑假会很忙：搞好学校要求开展的社会实践活动，完成老师布置的包括作业在内的学习任务、你自己包括补课在内的学习任务，读书和结合体育之类的业余活动。

　　我发现不少大学生的假期尤其是大学低年级学生的假期以活动为主，我不很赞成这样的做法。我的观点是：假期中照样不能忽视了学习尤其是专业学习。这是爸爸一直以来都非常关注的问题。从这次系里在你们班选拔志愿者的事情可以看出学习对以后的职业选择是多么重要。所以，即使是假期中，也一定要把学习放在突出重要的位置认真对待。

　　你还记得上一次我去时你告诉我的话吗？你说，因为顾及专业课，感到英语水平都有一点后退了。我想，你的话证明了下面一种观点是正确的：戏不离口，拳不离手；夏练三伏，冬练三九。语言相当于这里的"戏"，就是不能"离口"，要经常说、写、记。希望你能认同爸爸的观点并落实在行动上。按照你的初步计划，假期里,除了对专业课和没有学好的其他课程进行补课之外还有提高的问题,还想去"新东方"学习,我赞成。

关于利用假期时间读课外书的问题,一定要做好计划。关于书目选择,读哪些书,除了你的计划,我把《南方周末》上刊载的《大学生暑假推荐阅读书目》邮寄给你,你看看,对你选择书目或许有帮助。

一般情况下,你回家以前我就不再给你写信了。我们尤其是你妈妈很想早日见到你,本来她想在你军训以后去"新东方"学习以前的几天稍微空闲的时间去一次,但一是考虑到你用不了多长时间就回来了,二是考虑到还要花钱——这是你妈妈不去的最重要的原因,她在我们甚至其他人身上只是付出,一旦自己需要花钱的时候就老是舍不得。

好了,和你说了这些,其实也耽误你的时间。放假以前和放假的时候有事情我们发短信或者打电话再联系。

祝本学期顺利结束。

爸爸
×年×月×日

●··· 附寄学习资料

大学生暑期推荐阅读书目

节选自 2005 年《南方周末》

章培恒　复旦大学中国古代文学研究中心研究员

马克思、恩格斯:《神圣家族》。

卡尔·A·魏特夫:《东方专制主义》。

残雪:《五香街》。

金庸:《笑傲江湖》。

葛剑雄:《悠悠长水》。

吴国盛　北京大学哲学系教授

《爱因斯坦文集》第一卷(许良英等编译,商务印书馆 1983 年版)。

《从一到无穷大》(伽莫夫著,暴永宁译,科学出版社 2002 年版)。

《数,科学的语言》(丹齐克著,苏仲湘译,商务印书馆 1985 年版,上海教育出版社 2000 年版)。

《寂静的春天》(卡逊著,吕瑞兰等译,吉林人民出版社 1997 年版)。

吴国光　加拿大维多利亚大学讲座教授

经济学家阿尔伯特·赫什曼(Albert O.Hirschman)著作:《退出、呼吁与忠诚——对企业、组织和国家衰退的回应》,经济科学出版社 2001 年版,卢昌崇中译本。

《欲望与利益:资本主义走向胜利前的政治争论》,上海文艺出版社 2003 年版,李新华、朱进东译本。

Shifting Involvements:Private Interest and Public Action(大意是"转换的卷入:私人利益与公共行动"),普林斯顿大学出版社 1982 年版。

中文书《中国人本——纪实在当代》,岭南美术出版社 2003 年版。

梁治平　中国艺术研究院中国文化研究所研究员

"护生文丛"中国政法大学出版社 2005 年版,其中《绿色生活手记》是"护生文丛"中唯一一本中文著述。

2001 年三联书店出版的《正义的两面》(慈继伟著)是一部值得再三推荐的著作。

《大学的逻辑》(张维迎著,北京大学出版社 2003 年版)代表了北大改革者的思路。

《谁的大学》(薛涌著,云南人民出版社 2005 年版)表明了一个自由知识分子的批判立场。

《大学之理念》(三联书店 2001 年版)。

许良英　中科院自然科学史研究所研究员

《走近爱因斯坦》(辽宁教育出版社,2005)。

《束星北档案》(作家出版社,2006)。

《林昭,不再被遗忘》(2000 年长江文艺出版社出版、许觉民编)。

《西方哲学史》,商务印书馆有中译本,上卷何兆武、李约瑟译,1963 年出版;

下卷马元德译,1976年出版。此书书名的英文全名应译为《西方哲学及其与从古代到现代的政治、社会环境关联的历史》,因而也可作为西方文明史和思想史的读物。罗素1959年又写了一本《西方的智慧》,可以说是《西方哲学史》的删节本,篇幅不及后者一半,但配有大量图片,读起来更有味。1992年世界知识出版社出了中译本,译者马家驹、贺霖。

美国政治学家萨拜因(G.H.Sabine)的《政治学说史》,1986年商务印书馆出了中译本,上册盛葵阳、崔妙因译,下册刘山等译。

2002年光明日报出版社出的李昌平《我向总理说实话》。

傅杰　复旦大学中文系教授

中国对外翻译出版公司2004年出版的《名师评译丛书》。该丛书共五种,包括赵元任译的刘易斯·卡洛尔《阿丽斯漫游奇境记》、傅东华译的密西尔《飘》、杨必译的萨克雷的《名利场》、杨宪益译的萧伯纳《卖花女》、姚克译的阿瑟·米勒《推销员之死》。

陈嘉映　华东师大哲学系教授

《哲学的故事》(金发遆等译,三联书店,1997)。

《希腊精神》(辽宁教育出版社2005年第二版)。

《枪炮、病菌与钢铁》(谢延光译,上海译文,2000年8月)。

《朱熹的历史世界:宋代士大夫政治文化的研究》(三联书店,2004)。

《寻找家园》(花城出版社,2004)。

《半生为人》(同心出版社,2005)。

应星　中国政法大学社会学院副院长、副教授

《伟大的书》([美]大卫·丹比著,曹雅译,江苏人民出版社2003年版)。

《论美国的民主》([法]托克维尔著,董果良译,商务印书馆1993年版)。

《学术与政治》([德]马克斯·韦伯著,冯克利译,三联书店2004年版)。

《乡土中国·生育制度》(费孝通著,北京大学出版社1998年版)。

《沉重的肉身》(刘小枫著,华夏出版社2004年版)。

黄春兴　台湾"清华大学"经济学系副教授

《哈耶克传》(中国社会科学出版社出版,2003)。

1976年诺贝尔经济学奖得主的弗利德曼（M.Friedman）和其夫人联合发表的传记《两个幸运的人》（中信出版社，2003）。

朱维铮　复旦大学历史系教授

《路易·波拿巴的雾月十八日》（《马克思恩格斯选集》第二卷）。

《北京的莫理循》（福建教育出版社中文版，2003年）。

《经学历史》（周予同注释本，北京中华书局2004年新1版）。

《清代学术概论》（朱维铮导读本，上海古籍出版社1998年初版）。

《阿Q正传》（原载北京《晨报》，后收入《呐喊》，今之版本不计其数）。

《中国：传统与变迁》（北京世界知识出版社中译本，2002年版）。

《名家专题精讲系列》（复旦大学出版社，已出四辑24种，2002—2005年）。

《戊戌变法史事考》（北京三联书店2005年1月）。

《思想史研究课堂讲录》（北京三联书店2005年4月）。

叶朗　北京大学艺术学系教授

《论语》。

《庄子》。

黑格尔《美学》（共三卷）。

勃兰兑斯《十九世纪文学主流》（共六册）。

《傅雷家书》。

推荐学习资料

[1] 李岚清. 李岚清音乐笔谈:欧洲经典音乐部分. 北京:高等教育出版社,2004.

[2] 柳迎彬. 好好说话其实大有学问. 中国教育报,2006.

[3] 文红霞. 读书读得像侦察——评纳博科夫《文学讲稿》. 大学生,2006,(3).

[4] 姜明文. 正确对待进步和晋升. 党员干部之友,2006,(03).

[5] 约瑟夫·鲁德亚德·吉卜林. 如果. 新语文学习,2005,(11).

[6] 李培超. 我们需要什么样的幸福观. 党政干部文摘,2006,(3).

[7] 理查德·爱迪生. 我的父亲爱迪生. 读者文摘,1985,(6).

[8] 冰心. 冰心全集:第二册. 福州:海峡文艺出版社,1994.

[9] 佚名. 智者的回答. 党员干部之友,2006,(02).

[10] 陈国祥. 从丛飞遗言看当代大学生的缺失. 中国教育报,2006-05-29.

[11] 王愿坚. 王愿坚小说选(该书有百花洲文艺出版社、解放军文艺出版社、四川人民出版社等多种版本都可供学习).

书信一

回顾大一，计划大二

××：

　　按照前两个学期的做法，一开学我就会及时给你写信交流，但是，这个学期我考虑了一下，还是等你安顿下来以后再给你写信吧。再说，暑假比较长，我们也交流得不少，马上写信显得太过于唠叨，你不烦，爸爸都烦自己。今天给你写信，15日左右能收到，一般情况下你那边的学生生活也都就绪了，你也就有心情读我的信了，说不定还在等我的信呢。在这种情况下收到爸爸的信不正是时候吗？

　　假期里我们进行了一些交流，最重要的就是对你大一的总结，我认为你的大一学生生活总体是可以的：一开始，自己主动请缨做临时班长，最终被大家选为正式班长，开局良好，为四年大学生活奠定了比较坚实的基础，而且这一年来班级工作做得也有声有色，这从你们搞的活动的成绩可见一斑；个人积极要求进步，向党组织递交了入党申请书，被确定为培养对象；大一上学期就通过了英语四级考试，如果不努力这是不可能的；专业课的学习，在你自己开始感到有难度而且第一学期结束，按照我们的要求来说，考试不很理想的情况下，大一下学期迎头而上，一年级结束的总评成绩，就你自己的感觉和现在知道的结论来看，差不多是班级第一吧，应该是理想的；其他诸如学生会的工作、运动会上个人的成绩，都说明了你的综合成绩是理想的，是呈积极上升态势的。说心里话，我很看重学习成绩，但我绝对不是唯分数论者,我的希望是包括学习成绩在内的你的综合素质的提高,这才是真正的大学教育的积极价值,虽然那样要付出比一般情况多得多的努力。总起来看,如果说大一是适应大学积极生活状态的一年,那么你已经适应了;如果说大一是为四年大学打基础的一年,那么你已经打下基础了。

这个假期,你保持了从小学到大一的好习惯,写了上学期甚至大一的总结,制订了假期计划,后来又写了假期总结。从你对计划的执行和假期中我们交流的情况以及其他方面的情况来看,我觉得你在坚持理想的基础上比过去成熟了,这是爸爸妈妈最感欣慰的。这也是本学期我在你开学以后,过一阶段再给你写信的原因之一。

现在,你已经进入大二。有人说,大二是比较自由的一年,借用一句常说的话——"此言差矣"。其实,大二基本上是大学生活中唯一能够集中精力学习专业和有关课程,集中精力提高综合素质的一年。在我们假期的交流中你也明确谈到了这一点,你还说,大二要把英语六级考下来,因为到大三再考就没有时间了。再说,如果大三或者大四出国学习也就没有机会考了。可见你是心中有数的。就工作来看,学校里一定认为大二是培养学生综合素质的好时机,而且也会认为不少学生在大二学习抓得不紧,也会利用这一阶段多组织一些活动。因为你是班长,还在学生会工作,所以工作方面可能比大一更忙碌。另外,你已经被确定为预备党员培养对象,正常情况下大二就要解决你的组织问题了,这对你各方面都提出了更高的要求。如此等等,你说大二你能轻松、能清闲吗?我看,大二不仅不会松闲,反而会比大一时更充实。我之所以说"充实",而不说"紧张",主要是考虑到你对大学生活已经适应,只存在如何理清头绪、如何处理好学习与工作和生活的关系、如何合理安排时间的问题。有了大一的基础,相信大二取得的成绩一定会比大一时多,一定会比大一时大。

为了使你在大二取得多而且大的成绩,我会尽我所能帮助你,具体的一项措施就是继续给你写信、邮寄一些资料,而且考虑到大二的"轻松",我写的信和邮寄的资料会尽可能多一点。就传统文化方面,按照计划,你大二应该进行"四书"中的《论语》的学习,考虑到你在大学以前已经学习了《论语》,而且你已经把那本书带到学校了,再说,篇幅也太长,所以,这里我就不再邮寄原文了。但是为了提醒你深入学习或者复习,邮寄一份检验你学习《论语》的"作业"——"《论语》中的成语"(之一),如果你对我布置的"作业"感到无从下手,一定要进一步学习带去的《论语》原著。你需要在三周之内以手写的方式做完这份作业并邮寄给我。关于学习经典著作,我还要老生常谈:第一,你只有了解了本民族的优秀的文化,才有可能继承和发扬我们中华民族的优良传统,才有可能更好地宣传我们民族的优秀文化;第二,你用心读我邮寄给你的包括优秀传统文化在内的资料,长此以往,能从中接受思想教育,并能通过阅读、体会、借鉴,提高分析问题和解决问题的能力,还可以帮助你提高写作水平,为你以后的工作打下基础。说心里话,我知道即使爸爸不这样,你也会做得很优秀。我之所以这样做,一是为了尽家长的责任,二是想让你进步得更快,更优秀一些,最终的结果更理想一些。我想你会理解爸爸的用心。

最后,把我近期的学习笔记摘录几句送给你,也算是爸爸送给你的新学期寄语吧:

人类心灵深处有许多沉睡的力量,唤醒这些人们从未梦想过的力量,便能够彻底改变一生——奥瑞森·海伦;

智者不止发现机会,更要创造机会——培根;

有许多人是用青春的幸福作成功的代价的——莫扎特;

贪一己之利为图小利,争天下之利为求大利;讲儿女情长是为小爱,撒世间长情是播大爱。舍小利,争大利;弃小爱,求大爱,是成大事者必备的胸怀——个人学习体会。

希望你查查奥瑞森·海伦、培根和莫扎特的简介,相信会有收获。

爸爸

×年×月×日

●∴ 附寄学习资料

经典阅读——《论语》中的成语(之一)

对于下面的成语,在《论语》中找出其出处(写出《论语》中含有该成语的句子);用现代汉语写出一个含有该成语的例句。

1. 犯上作乱——犯:干犯。封建统治者指人民的反抗、起义。

出处(　　　　　　　　);例句(　　　　　　　　　　　　　　　)

2. 巧言令色——巧言:花言巧语;令色:讨好的表情。形容花言巧语,虚伪讨好。

出处(　　　　　　　　);例句(　　　　　　　　　　　　　　　)

3. 一言以蔽之——蔽:遮,引申为概括。用一句话来概括。

出处（   ）；例句（   ）

4. 温故知新——温：温习；故：旧的。温习旧的知识，得到新的理解和体会。也指回忆过去，能更好地认识现在。

出处（   ）；例句（   ）

5. 见义勇为——看到正义的事便勇敢地去做。

出处（   ）；例句（   ）

6. 是可忍，孰不可忍——是：这个；孰：那个。如果这个都可以容忍，还有什么不可容忍的呢？意思是绝不能容忍。

出处（   ）；例句（   ）

7. 尽善尽美——极其完善，极其美好。指完善美好到没有一点缺点。

出处（   ）；例句（   ）

8. 朝闻夕死——早晨闻道，晚上死去。形容对真理或某种信仰追求的迫切。

出处（   ）；例句（   ）

9. 朽木不可雕——这个成语也称"朽木粪土"，比喻人已经败坏到不可救药的地步。

出处（   ）；例句（   ）

10. 听其言而观其行——听了他的话，还要看他的行动。指不要只听言论，还要看实际行动。

出处（   ）；例句（   ）

11. 中道而废——中道：中途。半路就停止了。

出处（   ）；例句（   ）

12. 文质彬彬——彬彬：配合谐调。原形容人既文雅又朴实，后形容人文雅有礼貌。

出处（   ）；例句（   ）

13. 见贤思齐——看到德行高的人，就想学得与他一样。

出处（   ）；例句（   ）

14. 举一反三——反：类推。从一件事情类推而知道其他许多事情。比喻善于学习，能够由此及彼。

出处（   ）；例句（   ）

15. 暴虎冯河——暴虎：空手搏虎；冯：同凭；冯河，过河不用工具（如船、木筏之类），赤脚蹚水。比喻有勇无谋，鲁莽冒险。

出处（　　　　　　　　）；例句（　　　　　　　　　　　）

16. 人之将死，其言也善——人到临死，他说的话是真心话，是善意的。

　　出处（　　　　　　　　）；例句（　　　　　　　　　　　）

17. 任重道远——任：负担；道：路途。担子很重，路很远。比喻责任重大，要经历长期的奋斗。

　　出处（　　　　　　　　）；例句（　　　　　　　　　　　）

18. 不在其位，不谋其政——不担任这个职务，就不去过问这个职务范围内的事情。

　　出处（　　　　　　　　）；例句（　　　　　　　　　　　）

19. 各得其所——原指各人都得到满足。后指每个人或事物都得到恰当的位置或安排。

　　出处（　　　　　　　　）；例句（　　　　　　　　　　　）

20. 逝者如斯——用以形容光阴如流水一去不返。

　　出处（　　　　　　　　）；例句（　　　　　　　　　　　）

21. 华而不实——华：通花，开花；实：果实，结果。花开得好看，但不结果实。比喻外表好看，内容空虚。也指表面上很有学问，实际腹中空空的人。

　　出处（　　　　　　　　）；例句（　　　　　　　　　　　）

22. 后生可畏——后生：青年人，后辈；畏：敬畏，佩服。指青年人势必超过前辈，令人敬畏。

　　出处（　　　　　　　　）；例句（　　　　　　　　　　　）

23. 食不厌精，脍不厌细——厌：满足；脍：细切的肉。粮食春得越精越好，肉切得越细越好。形容食物要精制细做。

　　出处（　　　　　　　　）；例句（　　　　　　　　　　　）

24. 登堂入室——堂、室：古代宫室，前面是堂，后面是室。登上厅堂，进入内室。比喻学问或技能从浅到深，循序渐进，达到了很高的水平。

　　出处（　　　　　　　　）；例句（　　　　　　　　　　　）

25. 过犹不及——过：过分；犹：像；不及：达不到。事情做得过头，就跟做得不够一样，都是不合适的。

　　出处（　　　　　　　　）；例句（　　　　　　　　　　　）

26. 己所不欲，勿施于人——欲：希望；勿：不要；施：施加。自己所不愿意要的，不要强加于人。

出处（　　　　　　　）；例句（　　　　　　　　　　　　　）

27. 成人之美——成全别人的好事。

出处（　　　　　　　）；例句（　　　　　　　　　　　　　）

28. 察言观色——观察别人的说话或脸色。多指揣摩别人的心意。

出处（　　　　　　　）；例句（　　　　　　　　　　　　　）

29. 以文会友——指通过文字来结交朋友。古代文人交往、交友的礼俗。文人相交轻财物而重情谊、才学，故多以诗文相赠答，扬才露己，以表心态。唱酬是通行的方式，即以诗词相酬答。在宴饮等聚会时，更是不可有酒无诗，流行尽觞赋诗之俗。

出处（　　　　　　　）；例句（　　　　　　　　　　　　　）

30. 一言兴邦——指一句话可以兴国。

出处（　　　　　　　）；例句（　　　　　　　　　　　　　）

31. 近悦远来——使近处的人受到好处而高兴，远方的人闻风就会前来投奔。旧指当权者给人恩惠，以便笼络人心。

出处（　　　　　　　）；例句（　　　　　　　　　　　　　）

32. 欲速不达——欲：想要。想求快速，反而不能达到目的。

出处（　　　　　　　）；例句（　　　　　　　　　　　　　）

33. 言必信，行必果——说话算数，行动要坚决。

出处（　　　　　　　）；例句（　　　　　　　　　　　　　）

34. 言过其实——实：实际。原指言语浮夸，超过实际才能。后也指话说得过分，超过了实际情况。

出处（　　　　　　　）；例句（　　　　　　　　　　　　　）

35. 以德报怨——不记别人的仇，反而给他好处。

出处（　　　　　　　）；例句（　　　　　　　　　　　　　）

36. 怨天尤人——天：天命，命运；尤：怨恨，归咎。指遇到挫折或出了问题，一味抱怨天，责怪别人。

出处（　　　　　　　）；例句（　　　　　　　　　　　　　）

37. 一以贯之——贯：贯穿。用一个根本性的事理贯通事情的始末或全部的道理。

出处（　　　　　　　）；例句（　　　　　　　　　　　　　）

38. 工欲善其事，必先利其器——要做好工作，先要使工具锋利。比喻要做好一件事，准备工作非常重要。

出处（　　　　　　　　　）；例句（　　　　　　　　　　　　　　　　　）

39. 人无远虑，必有近忧——虑：考虑；忧：忧愁。人没有长远的考虑，一定会出现眼前的忧患。表示看事做事应该有远大的眼光，周密的考虑。

出处（　　　　　　　　　）；例句（　　　　　　　　　　　　　　　　　）

40. 当仁不让——遇到应该做的事就积极主动去做，不推让。

出处（　　　　　　　　　）；例句（　　　　　　　　　　　　　　　　　）

41. 有教无类——类：类别。不管什么人都可以受到教育。

出处（　　　　　　　　　）；例句（　　　　　　　　　　　　　　　　　）

42. 祸起萧墙——指祸乱发生在家里。比喻内部发生祸乱。萧墙：古代宫室内当门的小墙。

出处（　　　　　　　　　）；例句（　　　　　　　　　　　　　　　　　）

国庆节到了

××：

上次我给你寄信时布置了"作业"，为了让你有时间"消化"，所以就故意隔了一段时间才和你交流。这样一来，你收到我这封信的时候，就要到国庆节放假了。

想到国庆节，自然想到一些国家大事。

国外，本周最让我关注的就是泰国发生了军事政变。我看了电视报道以后有意收集了一些资料学习、了解，也有一些感触想和你交流。我看了关于泰国军事政变的各种资料以后，感触最深而且认为对我们个人有借鉴价值的就是，管理者要管好别人，首先要管好自己，自己不正难正人。你看，他信领导的人民力量党在迈向一党执政的道路上，极端贪婪小集团的利益——他信自身的一系列经济丑闻足以证明这个问题，但是他们又深刻触及原有政治格局下的既得利益集团，所以引起各派政治力量联手围剿也就成了必然。说到利益，我想，人不能把金钱的积累作为第一而且唯一的奋斗目标，政治人物更是如此。如果一定要以金钱为第一奋斗目标，那就要为了提高他所领导的人民的物质、文化生活水平而努力。另外，军事政变发生在他信出国访问期间，也说明他信对军队的掌控存在问题，对突发事件的预见性很差，否则，怎么能落到有国不能回、有家不能归的地步。

国内，本周纪念"九一八"，也使我想了许多。关于"九一八"，具体事件我想你也从历史教科书中了解得很清楚：1931 年 9 月 18 日夜，日本关东军炮轰东北军驻地沈阳北大营，策划并制造了震惊中外的"九一八"事变，发动了对我国东北的大规模武装进攻。国民党政府的不抵抗政策致使东北三省这个有着丰富矿产资源、物产资源，面积是日本三个大的美丽而富饶的地方沦为了日本帝国主义的殖民地。三千万东北同胞在此后的 14 年中过着饱受凌辱的亡国奴生活——这段历史留下了一个民族的耻辱。对于这段历史，我想，第一要铭记，所谓前事不忘，后事之师；第二要反思，落后就要挨打，弱国无外交，这是绝对真理；第三就是要为避免悲剧重演而努力。作为一名大学生，现阶段的使命就是发奋学习，全面提高自身素质，以便于参加工作后为建设强大国家做出更多的贡献。这才是不辱使命。

我建议你利用国庆假期到书城看看，有一本书《绝非神话》，是韩国的李明博写的个人励志奋斗的自传。他从一个穷孩子到韩国现代公司执行总裁，再到首尔市市长，非凡的成长经历背后是非凡的付出。我看了我订的《发现》杂志第九期中节选的一部分《我的 12 年等于 24 年》。从文章中可以看出，他的付出不仅仅是时间问题，他的收获不仅仅是能力问题，更重要的还是工作态度问题，正所谓态度决定一切、态度决定命运。他的成功完全是自己努力的结果，他的坚韧、执着、勤奋确实是我们学习的榜样。我看了《我的 12 年等于 24 年》以后很有感触，你可以找找，如果书城里有卖的就买一本，自己读读，春节带回来我也读读，我们共同接受教育。

假期中还要处理一些平时没有时间处理而积压下来的事情，尤其是生活杂事，比如买东西、洗衣服、打扫卫生之类，这也就是我说过的处理杂事的机会吧。除此以外要制订一个假期小计划：学习专业课程，看我寄去的资料，练练字，找机会和同学们、辅导员及其他老师交流。过了假期以后注意总结一下：假期过得积极吗？计划完成了吗？我看以后要阶段性地写点东西，像计划、总结、分析报告之类，同时在写的过程中也注意练练字，这对于应对就业时的应聘以及提高参加工作以后的实际能力都是很有积极意义的。你负责的到你们学校培训学习的人的联系工作，要本着尽力帮助、共同进步的原则尽量和他们保持联系。例如，国庆长假中可以问问他们有什么需要帮助解决的问题，如果他们想出去转转，可以做他们的翻译和向导，让他们了解我们国家的历史，看看我们国家的现在，也可以根据自己所能向他们介绍我们国家的未来，由此让他们知道我们国家历史悠久、发展迅速、未来光明。

我提的建议都是从大处着眼、从长处着眼的，你一定要注意落实，不能等吃了亏再后悔——什么医院也治不好后悔病。

祝国庆假期过得充实、愉快。

爸爸

×年×月×日

关于入党（三）

××：

今天是国庆节,在这样的日子里给你写信,还是首先祝福我们的国家更加富强。我们期盼国家更加富强,也更加期望我们国家深化改革、扩大开放,这样对你们青年人的发展是有利的,因为个人的前途是和国家民族的命运密切相关的。有一句说烂了但是又是真理的话——机会留给有准备的头脑,需要你时刻牢记,不然机会来了你没有准备好那就只有后悔了,而且我说过,后悔病是无法治疗的。

你的入党问题解决了,而且是在即将迎来国庆节的时候解决的,具有特殊的纪念意义。你能入党,是党组织对你从高中以来就努力追求进步的回报,是你人生发展道路上的一件大事。从现在开始,你既是班长,又是一名预备党员了。双重身份,尤其是预备党员的身份,需要你在思想、做人、工作、学习诸方面都对自己有更严格的要求,起到更加突出的表率作用。

我在学习《支部生活(山东)》2006年第5期的时候,发现王全文写的《大学生党员要强化四个意识》("强化先锋意识,强化学习意识,强化使命意识,强化自律意识")很适合你们大学生党员学习借鉴,于是把这篇文章附寄给你,希望你和你的党员同学甚至是入党积极分子共同学习。尤其是文章中强化使命意识部分提到"八要":"要用'三个代表'重要思想武装头脑,以实际行动影响和带动青年大学生;要胸怀整体,公而忘私,自觉弘扬奉献精神;要自觉改造思想,树立正确的世界观、人生观和价值观,增强明辨是非及抵御各种错误思潮侵蚀和诱惑的能力;要树立牢固的专业思想,尊重知识,刻苦学习,争做学习型党员;要关心集体,顾全大局,带头建设良好的校风和班风;要树立正确的荣辱观,养成良好的学风和生活作风；要强化团队意识，关心同学，互助友爱，助人为乐，和谐相处，团结同学共同进步；要响应祖国召唤，自觉到国家最需要的地方去建功立业。""八要"具有很强的可操作性，如果能够认真落实，相信能够很好地完成目前形势下大学生党员的使命。

谈到强化自律意识，我想起近期报道的政治局委员、上海市委书记陈良宇被撤职、立案侦查的消息。陈是 1963 年参加工作的，他从最基层干上来，做到现在，几十年来多么不容易。可惜他在人生的鼎盛期倒下了，罪状是：挪用上海职工养老基金；包庇、纵容手下人、家人、亲友犯罪；生活腐败糜烂；等等。像陈良宇这样的地位，只能是"自己让自己倒台"了。任何人不能抱有侥幸心理，所谓"莫伸手，伸手必被捉"。还有上次去信和你谈过的他信政权倒台的原因也请你记住。

我过去对你说过，不论是自己的钱、别人的钱、集体的钱、国家的钱，花起来都要掂量掂量，你一生都要记住爸爸的这个警告。

我还要提醒你的是，作为党员，你除了要比以前更加关心国家大事，今后还要更加关心党的大事。过去我常说，个人的前途与党和国家的命运紧紧相连；只有把自己的抱负与党和国家的需要结合起来才能做出更大的成绩。以后你会更加深刻地体会到我这些话的内涵。

你说，在同学评价时有个别人可能对你有意见，其实这是很正常的，我们可以做到对得住自己的良知，但是我们不可能做到让任何人都满意。当然，我们在做工作和处理人际关系的时候，要起带头作用，要讲究方式方法，要有耐心，也尽可能得到最大多数人的支持。有时候，人的嫉妒心理造成的无缘无故的排斥他人是可以理解的，要宽容这样的人。

知子莫若父，爸爸对你的做人、工作、生活都很放心，就是担心你由于热衷于服务、热衷于公益事业、做了太多的工作而影响学习，这也是我反复对你说学习问题的原因——就是想尽我所能，提醒你不要耽误学习。因为有不少大学生在大学里本末倒置，把自己看成干部，热衷于工作，以为多锻炼到了社会上就能成功，可是到了就业的时候，由于他们没有真正学好自己的专业，所以就业比他们想象得更难。从你小学、初中到高中再到大学，我都主张你全面发展，所以，虽然我现在还是每次都絮絮叨叨地嘱咐你，其实你已经能基本处理好工作和学习的关系了，这从你的学业成绩就能看出来。爸爸的絮絮叨叨只是想做到家长的尽心而已。

至于评先评奖的问题，无论是否评上先进、得到奖励，都要注意总结自己过去一段时间的优缺点、得与失，发扬长处、改进不足。评上不能骄傲，评不上不能气馁。这些思想符合我一贯对你的教育和要求，我想你会处理好的。

好了，我要开始工作了，让我们相互促进吧。

爸爸

×年×月×日

胜不骄

×× ：

近期，捷报频传——除了你政治上的进步，你还向我们通报了关于你和你们班集体的一连串的好消息：上学期暑假前后的军训，你被评为优秀军事学员；整个大一你的总评成绩名列全班第一；近期的篮球赛，你们班在整个学院名列第一，作为队员之一，有你的贡献；秋季运动会，你报的三项项目中有两项进入前几名且获奖。

篮球赛、运动会，这些都是需要消耗大量体力的活动，生活一定要跟上，在这个月的开支中多充了 100 元，名义上算是奖金，其实是为了让你贴补生活。

有付出才有收获。这些成绩的取得，都是你在老师、同学的培养、支持下努力的结果。而且像军训、篮球赛、运动会这些项目，没有吃苦耐劳的精神和一定的技能水平以及团队精神等，是不可能取得成绩的，而这些素质，不经过长期的训练也是不能养成的。学习方面，虽然看起来考的是大一的内容，但是学风的养成、学习方法的探索、基础知识的积累，也不是一日之功。而且大一的总评成绩不仅包括学习，还包括纪律、工作、活动、团结等各个方面，这就看出你通过这些年的锻炼，综合素质还是不错的。

爸爸妈妈在向你祝贺的同时有责任提醒你：成绩只能代表过去，在以后的学习、工作过程中，你需要保持清醒的头脑，继续努力。我过去说过：大凡有成就的人，在追求目标的过程中，都能做到胜不骄、败不馁，而且一以贯之，所以终有所成。

至于努力的方向，我想对你谈主要的两点。

　　第一，作为一名党员，一定要更加注重思想觉悟的提高，不断加强个人修养。具体到近期来说，这个十月是国庆的月份，也是纪念红军长征 70 周年的月份，你除了积极参加组织开展的纪念活动，一定注意收集一些相关资料认真学习。你告诉我，你们参观了长征 70 周年纪念展览，我知道了以后很高兴。这两年我专门通读了作家王树增的《长征》，回头也送给你读一读，一定受益匪浅。近几天我从《中国青年报》看到一篇介绍这本书和长征精神的文章，读了以后感到很受教育。"中国工农红军的长征在人类历史进程中留下的是——坚定的信念、坚强的意志以及无与伦比的勇敢。这些都是可以创造人间奇迹的精神。物质和精神是认识生命的过程中两个互相依存但处于不同空间的要素。前者是须臾的，后者是永恒的；前者是脆弱的，后者是坚实的；前者是杂芜的，后者是纯净的。提升生命质量最可靠的力量不是物质而是精神——小到决定一个人人格的优劣，大到决定一个民族和国家文明的兴衰。人类的每一次进步，都是理想和信念结出的硕果，而信念和理想对于每一个个体生命的完整同样重要。长征是艰苦的冒险，长征是人类的勇气与怯懦、胜利与失败之间的搏斗，而这些搏斗将在人类进步和发展的长途中延续下去。这就是长征的永恒价值所在，也是长征在 21 世纪给我们提供的取之不尽的精神源泉。"我把这篇文章邮寄给你，你认真读一读，想一想，也算是你在长征 70 周年的时候对长征的一种纪念吧。如果有机会的话你最好给你的同学们都看一看，你是班长，我觉得你有责任和义务和大家一同学习、进步。希望你看一看我寄去的报纸，结合你的学习、参观，写一篇体会，有必要的话交给支部。

　　第二，作为一名学生，一定要牢记"学生以学为主，兼学别样"，把学习当成自己的天职。近期教材方面的专业学习不是很紧张，你一定要见缝插针，重点学习英语六级有关应考内容。记得大一上学期我就给你寄去教育部高教司大学英语四、六级考试改革组和考试委员会制定的《全国大学英语四、六级考试改革方案（试行）》，希望你找出来，结合自己四级考试的总结学习英语六级考试内容。过去说过，就你们的专业来讲，按照常理大三可能就要准备出国学习的一些事情。所以，我认为，对你来说这可能是最后一次英语六级考试的机会。在不影响专业课学习的前提下，一定要尽心尽力准备，争取顺利过关，为大三集中精力准备出国学习打下坚实的基础。再说，就像你说的那样，很有可能出国学习时英语六级还是必备条件呢，从有备无患的角度出发，也要尽最大努力过关。

　　至于公务员考试和研究生考试，有可能的话也先找资料看看，了解其内容的涵盖范围，以在平时学习的过程中心中有数，所谓早做准备，厚积薄发。其实，作为确定了专业的大学生,不论是参加公务员考试、研究生考试还是就业应聘考核,其内容一定有相通之处。我之所以现在就开始而且多次对你说这件事,还给你邮寄有关资料,就是因为你有这样的理想,这样的理想实现起来又比较难,所以必须早作打算。因为你的理想树立得比较早一点而且比较高一点,你努力的起步也早一点,程度也大一点,这很好,以后的收获一定也会更理想一点。

近期,我看了 2006 年中央国家机关公务员招录考试申论试卷,与往年不同的是,2006 年的申论试题没有明显的序号标注,而是采用有问有答的形式体现段落的不同和意思的转变。另外,在作答要求中给出了明确的内容范围的限制,即必须以我国政府如何提高应对突发公共事件的能力为范围。2006 年的申论材料,字数是前两年的总和,内容更为复杂和分散,而且材料采用的是问答的形式,增加了材料的分析难度,增强了对考生阅读速度和归纳整理能力的要求。就我的感觉而论,试卷的信息量很大,要做好这篇申论难度也不小。近期你们活动比较少,希望你找机会看看 2006 年中央国家机关公务员招录考试申论试卷。看了以后,希望你做做试试,你会体会到写好一篇申论的难度。怎样才能写好?平时要注意积累资料,锻炼分析问题和解决问题的能力,打好写作基础。而所有这些,都要经过一个比较长的阶段的积累。这种积累不论对于就业还是就业以后的工作都是基础性的。今天下午我去书店查阅资料,看到书店里有很多公务员考试的书籍,我就按照公务员考试的科目有选择地看了一些,自己入迷了,回来后又从网上看了半天,总体感觉考公务员真的是不容易。

我个人认为,作为平时在校学习的学生,你们考公务员缺乏的是社会基层经验和系统的学习。可是,这两方面你们都不好弥补,平时课程这么多,又要考这证那级,所以,想系统复习有关公务员考试所要求的知识,首先时间上就很难保证。我根据自己的体会,觉得比较现实的做法是把有关资料准备好,除了学好该学的课程,复习考证、级所需要的知识,再有机会就要注意学习有关公务员招考的资料。每次学到哪里都要做好记录,起码可以利用零散的时间通读一遍,对于整体的知识体系以及各知识点做到心中有数。以后第二次复习就可以做到有的放矢了。你也许会说,除了学习,还要做工作,还有很多活动,这么忙,哪有时间?如果有这种想法,就请你好好体会我过去多次提醒你的"别人学习的时候你很有可能要去工作,别人玩的时候你又想玩,那你什么时候学习?——要想学习工作两不误,只有少休息"。我过去还几次用马克思的名言提醒你怎么应对繁忙的学习与工作——最好的休息方式就是劳动方式的变换。

　　我想,等你考完了英语六级,忙完期末考试,从今年寒假开始,除了学习专业知识,就要把应对公务员考试列入学习计划并积极实施了。其实,一般的就业招聘也都要经过笔试和面试,而且上面已经说了,研究生考试、公务员考试、应聘考核,都是有相通之处的。所以,你学习专业知识,准备公务员考试,对以后考研、广义的就业应聘不仅不冲突而且有积极意义。

　　下一步,从现在到准备过元旦以前,没有主要活动,对吗?那就要集中精力好好学习,而且注意补上为了篮球赛所影响的学习。一些鸡毛蒜皮的事情,如果不是很急,一定要集中到周末处理,千万不能像我多次说过的陷入"事务性泥潭"。不然到了临近元旦的时候,又要为了准备过元旦影响学习了——即使你处理得再好,也不可能一点不影响,而过了元旦再用功弥补就有点晚了。

　　对了,你还提到要报下学期选修课的问题。我想,自己差的又需要用的,当然就是首先要学习的——这就是选修课的选报原则。

　　近期也有你向我通报的关于你的不好的消息,就是你说的虚惊一场的"丢包事件",这说明你的生活能力还需要进一步锻炼提高。过去说过,不常用的证件诸如身份证等,不应该总是带着而且放在随身背着的包里,如果需要带,可以放在外衣的内兜或者贴身衣服的兜里。我常对你说,在处理生活琐事的时候,应该形成顺便就能处理好的习惯。这是一种很重要的能力,只有做到这一点,才能有精力去做大一点的事情——所谓事业吧。不然的话,可能一生要么丢三落四,要么被俗务所扰,做一个跑跑颠颠所谓的"大忙人"。

　　近期天气渐渐凉下来了,你要注意添加衣服,预防感冒,说一千道一万,没有好的身体都是空的。如果需要买衣服尽管告诉我,我会及时支持你的。

　　已经是晚上七点了,我要回家看新闻联播,就写这些吧。

爸爸

×年×月×日

在磨炼中成长

××:

　　近期爸爸妈妈都很忙。除了工作以外,还忙于为我舅治病,最主要的是我舅的病终归不治,去世了。虽然我也出了力、出了钱,可是我长久不能释怀——他在我上高中时给我一块二毛钱的事情常常萦绕在我的心头。还有就是他在给孩子盖房子时需要我出钱,由于财力所限加上根本没有想到他会去世,觉得来日方长,总会孝敬他,也会慢慢帮助他,所以我给他的和他想要的差距甚大,这也给我留下了永远无法弥补的遗憾。为了弥补内心深处的亏欠,在为他办理丧事的时候我又花了一些钱。你妈妈需要去照顾你姥姥,你知道,我是不管不顾生活的人,你妈妈一走我生活上就乱了阵脚了。可是,我的意志是坚强的,就是靠着这一点,我才能坚持住不影响工作而且不让外人看出来。

　　爸爸虽然担心给你说这些会影响你安心学习,但是考虑到你也是成年人了,应当知道家里的实际情况,所以还是对你说了。也是想让你知道,人在社会上生存、做事不容易,个人、家庭、单位、亲戚朋友,事情多多,都要处理,没有一定的承受能力是不行的,所以,对你说这些,更重要的是想锻炼你,使你有一定的承受能力。有时候,自己承受压力和挫折的能力比正常的学习、工作、生活能力的锻炼和提高更重要。俗话说得好,人生不如意者十之八九,其实就看你如何对待和处理。近期我看了一则大学生没有找到理想工作自杀的报道,很有感触。不少舆论也表明大学生就业难,我在基层工作多年,总觉得要一分为二地看待大学生就业难这个问题——事实上,很多基层尤其是企业单位愿意接收大学生,但是很多大学生都盯着公务员、事业单位,即使考不上也不愿意到基层单位尤其是企业去就业,所谓千军万马挤独木桥,这是导致大学生就业难的很重要的原因。我的想法是,考公务员、事业单位无可厚非,但是如果考不上,就应该踏踏实实地到基层尤其是到企业就业。就已经成才的大学生的成长经历来看,到了基层尤其是企业就业的大学生,如果能够俯下身子扎扎实实地努力,很快就能成长起来,甚至比那些开始到了公务员或者事业单位所谓起步比较高的大学生成才要快。反过来看,那些开始就业看起来比较理想的大学生,自以为占了上风,沾沾自喜,好高骛远,不能从基础干起,结果多年以后还在原地踏步,有些甚至就消极了,就混天了日,无所事事,熬工龄而已。可见择业观念以及就业后的心态很重要。我说过,最优秀的人是那些在困难和挫折面前百折不挠而且取得了成绩的人。

　　你本人主要是在顺境中成长起来的,当然,这样的顺境主要是由于你平时付出了努力换来的,而且老师、家长也都在你人生历程中继续帮助你创造顺境。可是,谁又能保证自己的一生都是顺境?遇到困难和挫折时一定要冷静,耐心分析,找出原因,拿出战胜挫折和困难的方法并努力实行之,这才是积极的人生观。这些年,爸爸就是这样过来的,你是了解的。为什么我主张你做班干部,为什么我希望你积极参加学校和社会的有益活动,锻炼处理和同学、老师、领导之间的关系,就是希望你在学校里也要进行这方面的锻炼,一旦到了社会上不至于遇到难题措手不及。其实,学生时期再忙、再苦、再烦也比在社会上单纯,只要想进步,还是很有精力的。所以你要珍惜学习机会,在做人、学习、工作、生活各方面都要好好努力、好好锻炼,尽快提高。这里也用得着我过去说过的话:只有立大志、用大智、出大力,才能最终成大器。

　　前一阶段写给你的信中我提到准备英语六级考试的事。我担心你因为去年的英语四级考试已经一次性顺利通过,今年对于六级考试很有可能麻痹大意,如果真的如此,那就容易出现"轻敌"现象。别说今年的考试标准修订了,你要考的级别高了,即使不修订,即使仍然考四级,那些高考复习生今年成绩不如去年的现象也不稀罕啊。所以你一定不能大意,在总结去年优劣的基础上还要注意跟踪今年的变化趋势,争取考出自己最好的成绩。其实,我觉得你一直没有忽视英语的学习——从你大一四级一次过关就能看出这一点来。我觉得你的观点和做法都很正确。

爸爸

×年×月×日

大二出国学习？

××：

你告诉我，老师让你们自愿报名去国外学习。我想，已经学了这个专业，去人家那里学习语言，了解人家的历史、文化、生活，对于专业学习一定有作用。起码去那里听听会知道自己专业语言的缺点有哪些，回来以后可以有努力的方向。不过明年大三一年不在国内的话，有些其他课程一定会受影响，更重要的是按照惯例，这个阶段应该有参加就业选拔的机会。可是反过来讲，你班主任说得有道理——能不能全面学习，能不能把握时机，不在于你在哪里，重要的还是你能不能把握自己，因为即使在国外，也可以带着应该学习的书；即使在国外，如果有有关单位选拔的机会学校也会通知你们，对吗？你如果决定报名的话，从现在起就要心中有数：从现在到出国的这段时间，该学的东西尽力多学一点，提前弥补明年出去一年某些方面的损失，更重要的是基础打得好一点，出去以后更好地表现出我们国家学生的综合水平，为国家为学校争光。

为了准备出国进修，免不了要找有关的书学习，此次寄信邮寄一份资料《择书如择偶》供你参考。名言说得好，读一本好书就是和一个伟大的心灵对话。我知道你也爱好看书，估计你看了此篇文稿后对择书会有比以前新一点的想法吧。

爸爸

×年×月×日

首谈期中考试

××：

知道了你的期中考试成绩，我考虑了以后，觉得爸爸应该提醒你：单纯就名次来看，这是底线了。你想，你们全班就几十名学生，你考了第七，如果再向下，就是中游了。所以你一定要注意总结，总结在迎接考试的复习过程，尤其是平时的学习过程中的得与失。事实上，大学里的考试，基本都是考平时老师讲过的和老师要求学习的内容。而且，一个大学生如果想有出色的水平，单就学业来看要比老师要求的高出一个层次才能行。当然，也有那种考试成绩不是很靠前，但实际能力却很优秀的学生。但是对于你们语言类专业学生来看，因为考试既有笔试又有口试，所以考试是能说明自己的一定水平的，因此还是要重视。从我多年的阅历来看，很多学生不能正确地对待考试，认为考试就是为了分数，对待考试后的总结，一般学生也是停留在纠正错误答案上面，一般学生考前和考后的这两种态度其实都是很不成熟的。

你期中考试的成绩不是很理想，我也有责任，我一般不太重视期中考试，往往就把它当成一次小考，自己不提倡花费太大的精力复习，所以一般也不提醒你。对待考试的正确态度应该是：凡考必重视。

从另一个角度讲，期中考试考得差也可能是好事，只要心中有数，就能引起对期末复习的重视——提醒自己要早做打算，好好复习，迎接期末考试。

你收到我的信的时候，已经到12月份了，作为班长，你要安排和组织准备过元旦，作为学生，你要积极准备考英语六级，还要留意平时的学习，因为过了元旦时间不长就要进行期末考试，所以说，这个月是很紧张的。你总结自己已经度过的大学生活可以体会到我过去说过的,真正的大学生活比中学更紧张。我的观点是,小学愉快学习,初中勤快学习,高中努力学习,到了大学就要努力拼搏了。那些认为到了大学就进了保险箱的观点和做法是很错误的。

　　对于期末考试,一定要早作打算,除了平时扎实学习以外,复习要早着手落实,尤其是对那些学得差一些的内容更要及时补课,免得复习时来不及。爸爸希望期末总评学分中,你的考试成绩能够占到主要的比例,而且期末总评学分在你们班级是靠前的。说心里话,我是很赞成大学实行学分制,而且学分成分包括学习、纪律、活动、工作等学生应当做好的各个方面,这样才能督促学生全面发展。但是,学生还是应以学为主,所以在最后的学分中学习成绩占的比例大一点是对的。

爸爸

×年×月×日

什么是人生最珍贵的资源？

××：

　　首先告诉你一个值得欣慰的消息：我多年的肠胃疾病经过近期坚持治疗见效很大，起码一个多月没有在吃了晚饭以后感到腹部胀闷。我感觉只要自己注意就行了——所谓十人九胃，十胃九养。我和你妈妈身体好，你在外面就不用心里惦记，就能够安心地努力追求进步。

　　近几天看英语辅导读物，看到一篇英语文章，我把它翻译为"时间是最珍贵的资源"或是"时间是唯一珍贵的资源"。那是留给学生的阅读题，我粗略地读了一些，从中受到些许启发。其实，什么是人生最珍贵的资源？各有说法，麦冬还有一本书《思维方式50法》，前言里说，思维方式是最珍贵的资源。我觉得这要因人而异，比如，很用功的人要想成功，思维方式就很重要了，对吧？我把麦冬书前言里的话摘录给你，供你参考：

　　美国著名地理学家华莱士在总结其一生成败经验的著作《找油的哲学》中写道："找油的地方就在人的大脑中。"他提出一个著名的观点：人的大脑里蕴藏着丰富的宝藏，而思维方式是其中最珍贵的资源。思路要是不对，再有智慧也是徒劳，这时候脑筋转得越快，往往也死得越早，而好的思维，会使人生旅途充满亮光。每一种好的思维方式都是生命历程上一盏明亮的灯，导引你正确地走向成功的彼岸。

　　中国奶业的风云人物——蒙牛老总牛根生在回首往事时，不由得发出这样的感慨："根据我的切身体会，做市场，缺钱不要紧，但是不能缺思路。"想当初，他这个奶业老大伊利集团副总离职下岗，以区区百十来万的小本钱启动起市场，打造出如今年销售额高达数十亿的奶业集团。当人们面对这样的商界奇迹，就没法不好好掂量一下老牛上述话语中的深长意味——有思路才有财路啊！

对你来说，到底什么是最珍贵的资源？爸爸相信你会心中有数。

你收到我的信的时候，还有十几天就要进行英语六级考试了，根据自己的情况安排好时间，制订好这十几天的复习计划，集中精力复习，争取考出好的成绩，达到自己的目标。虽然撇开专业一味考证式的大学生活我是不赞成的，不过英语对你来说也是很重要的，而且拿到证件才是硬道理，所以我一直督促鼓励你早早把六级考出来。

祝英语六级考出自己最理想的水平。

爸爸

×年×月×日

正确对待荣誉和奖励

××：

你上次在电话里告诉我，这次有一份企业设的什么奖学金没有申请成功，虽然申请奖学金是为了证明自己的"优秀"而不是纯粹为了钱，但是还是感到遗憾。我想，如果只为了钱去努力，去争取，争取不上又感到心里不舒服，这样的态度固然不正确。而你没有这样想让我感到很欣慰。

扯得远一点，说得大一点。过去，在计划经济时代，对于为社会做出贡献的人，主要是兑现政治荣誉。现在我们国家正在建立市场经济秩序，你做出了成绩，社会对你有了高的认可度，从而也会让你有收获——不仅仅是政治荣誉而且也会有经济待遇。这是正常的，也是可以理解的，但是奉献精神什么时候都不能丢。我过去对你说过，青年人要想以后有一点大的出息，就要有大的志向，所谓立大志、用大智、出大力、成大器。这个志向首先是贡献大小，而不是得到多少回报尤其是实际的利益。那些做事只是为了经济利益的人尤其是做事之前就考虑经济利益的人是不成熟的，说得深一点，这样的人不仅难以成大器，而且有可能会走上歧途。以我对你的了解，相信你不会犯这样庸俗化的低级错误。

具体到这种奖学金，有一点"扶贫"的味道，所以在评比的时候是要兼顾成绩和学生经济状况的。虽然我们家的情况在你们班里算是"穷"的，但你是班长又是党员，所以应该把奖学金让给那些综合素质高、生活比我们更困难的同学。证明自己的优秀也不在这一次，以后有的是机会。另外，证明自己的优秀也不全在获了多少奖，而在一些具体的学习、工作、生活过程中照样能体现出来。学生时期学习、工作、生活，主要是为了积累知识、培养能力，从而提高水平，为将来走上社会做贡献、出成绩,打下坚实基础,获了多少奖、评了多少先进固然重要,但毕竟是第二位的。尤其是这样性质的奖学金,让出来更好。

我还想和你交流的是,如果做出了成绩,没有得到相应的回报就有情绪,哪怕不是为了实际的利益也不是积极的。尽管我们在做以前没有想这些,但是现在我们表现出来了,别人还是有可能会认为,我们就是为了回报甚至是实际的利益回报才做事情的。从面上看,这还是像上面我说的那样犯了庸俗化的低级错误。时间长了,于公于私,都会有损于自己的形象,甚至被人看不起。积我几十年的经历,我们出身于"草根",就是要凭自己的能力打持久战,持之以恒,或早或晚,或大或小,总会得到承认,总会有机会施展自己的聪明才智从而做出成绩——所谓功夫不负有心人。

要准备期末考试了,希望你心态平和,讲究方法,努力复习。还是听一听我的老话一句——尽心尽力,无怨无悔。

这是本学期爸爸给你写的最后一封信,再有什么事情需要联系的话,我们就短信或者电话联系吧。

祝你顺利度过充实的大二上学期学生生活,寒假见。

爸爸

×年×月×日

●●● 附寄学习资料

青少年应该励什么样的志

周国平

《中国教育报》2006年7月10日　第2版

现在书店里充斥着所谓励志类书籍,其中也许有好的,但许多是垃圾。这些垃圾书的内容无非是两类:一是教人如何在名利场上拼搏,发财致富,出人头地;二是教人如何精明地处理人际关系,讨上司或老板欢心,在社会上吃得开。偏是这类东西似乎十分畅销,每次在书店看到它们堆放在最醒目的位置上,满眼是"经营自我""人生策略""致富圣经"之类庸俗不堪的书名,我就为这个时代感到悲哀。

"自我"原是代表每一个人最独特的禀赋和价值,认识和实现"自我"一直被视为人生的目的,现在它竟成了一个要经营的对象,亦即谋利的手段。说到"人生",历来强调的是人生理想,现在"策略"取而代之,把人生由心灵旅程变成了功利战场。"圣经"一词象征最高真理,现在居然明目张胆地把致富宣布为最高真理了。这些语词的搭配本身已是一种亵渎,表明我们的时代急功近利到了何等地步。

人们在确定自己的人生目标时,"成功"一词出现的频率最高。人人都向往成功,没有人愿意自己一生事业无成,碌碌无为,这无可非议。但是,把成功作为首选,却是值得商榷的。我认为,首要的目标应该是优秀,其次才是成功。一个优秀的人,即使他在名利场上不成功,他仍能有充实的心灵生活,他的人生仍是充满意义的。相反,一个平庸的人,即使他在名利场上风光十足,他也只是在混日子,顶多是混得好一些罢了。

事实上,一个人倘若真正优秀,而时代又不是非常糟,他获得成功的机会还是相当大的。即使生不逢时,或者运气不佳,也多能在身后得到承认。优秀者的成功往往是大成功,远非那些追名逐利之辈的渺小成功可比。人类历史上一切伟大的成功者都出自精神上优秀的人之中,不管在哪一个领域,包括创造财富的领域,做成伟大事业的绝非钻营之徒,而必是拥有伟大人格和智慧的人。

一个人能否成为优秀的人,基本上是可以自己做主的,能否在社会上获得成功,则在相当程度上要靠运气。无人能完全支配自己在世间的遭遇,其中充满着偶然性,因为偶然性的不同,运气分出好坏。有的人运气特别好,有的人运气特别坏,大多数人则介于其间,不太好也不太坏。谁都不愿意运气特别坏,但是,运气特别好,太容易地得到了想要的一切,是否就一定好?恐怕未必。他们得到的东西是看得见的,但也许因此失去了虽然看不见却更宝贵的东西。天下幸运儿大抵浅薄,便是证明。我所说的幸运儿与成功者是两回事。真正的成功者必定经历过苦难、挫折和逆境,绝不是只靠运气好。

我相信,从理论上说,每一个人的禀赋和能力的基本性质是早已确定的,因此,在这个世界上必定有一种最适合他的事业,一个最适合他的领域。当然,在实践中,他能否找到这个领域,从事这种事业,不免会受客观情势的制约。但是,自己应该有一种自觉,尽量缩短寻找的过程。在人生的一定阶段上,一个人必须知道自己是怎样的人,到底想要什么。

世界无限广阔,诱惑永无止境,但属于每一个人的现实可能性终究是有限的。

你不妨对一切可能性保持着开放的心态，因为那是人生魅力的源泉，但同时你也要早一些在世界之海上抛下自己的锚，找到最适合自己的领域。老子说："不失其所者久。"一个人不论伟大还是平凡，只要他顺应自己的天性，找到了自己真正喜欢做的事，并且一心把自己喜欢做的事做得尽善尽美，他在这世界上就有了牢不可破的家园。于是，他不但会有足够的勇气去承受外界的压力，而且会有足够的清醒来面对形形色色机会的诱惑。

其实励志没有什么不好，问题是励什么样的志。完全没有精神目标，一味追逐世俗的功利，这算什么"志"，恰恰是胸无大志。

推荐学习资料

[1] 范红杰. 政变泰国——一个管理者的失败. 牛津管理评论, 2006.

[2] 李明博. 绝非神话. 金镇宝, 译. 北京: 北京出版社, 2006.

[3] 李明博. 我的 12 年等于 24 年. 发现, 2006, (9).

[4] 王全文. 大学生党员要强化四个意识. 支部生活(山东), 2006, (5).

[5] 王树增. 长征. 北京: 人民文学出版社, 2006.

[6] 王苗. 长征精神的穿透力. 中国教育报, 2006-10-19.

[7] 易中天. 择书如择偶.《三家书谈》之十一, 2006-04-24.

[8] 周国平. 青少年应该励什么样的志. 中国教育报, 2006-07-10.

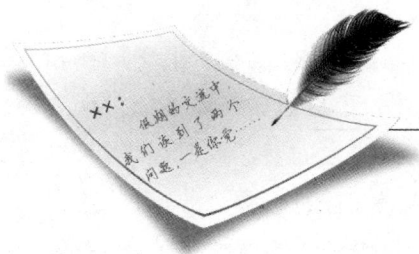

书信一

打好基础，提高素质

××：

假期的交流中，我们谈到了两个问题。一是你觉得大二真的像我开始提醒你的那样"不轻松"（其实我当时说的是"很充实"），单就上个学期看，就有运动会、篮球赛、期中考试、英语六级、期末考试、政治学习等内容；为了让你更加充实，我还有意多邮寄了资料让你学习，诸如政治学习材料、考公务员的资料、考研的资料等。总体看，你的大二第一学期很充实而且很有成绩。二是你说我忙，写信也费事，以后可以用电话、邮件之类的现代化手段相互交流。我考虑再三，和你联系（确切地说是交流）的时候还是用传统的方法，一方面我书写的这些纸质资料，你看了一遍放起来后，需要的时候可以再找出来看看，至于电话，说过去也就凭印象记忆了，最后落得个"查无此据"，即使是文字的邮件也很难随手找个地方"放起来"，以备后需。另一方面，这些资料可以保存，甚至传给后人，作为永久的纪念，或许他们看了也能接受教育。再说我也想借此机会练练写字，同时你读信的时候，看看手写的字对你也有影响。所以，尽管我打字还可以，但是我计划还是用传统的方式——书信和你交流。

随着你年龄的增长、阅历的增加尤其是水平的提高，我会注意，在对你教育的过程中采取越来越放开的方式。其实，对于那些没有积极的追求目标的孩子，就是父母天天打电话、周周写信，对他们也不一定起到很大的作用。对你来说，爸爸是绝对相信你会有积极的追求的，可能就是在追求理想的过程中，要么满腔热情但方式、方法欠妥，要么用心不专，要么意志不够坚强，没有恒心。上学期在和你班主任交流时，她说得很好：一个人要有理想，还要知道自己如何做才能实现理想，更要用实际行动去实现自己的理想。你说，你们同学之间交流的时候，对于以后的去向各有想法，有的想进入国家机关，有的想参军，有的想到企业，有的想考研，有的想出国，这些目标我都赞成。至于你个人，你想进入国家机关或者参军，我也同意。

怎样才能实现自己四年大学后第一阶段的人生理想？我想，对外，要看机会。进入国家机关，需要有招录计划；参军，要有征兵计划。你要注意收集这些信息，抓住机遇。对内，机会留给有准备的人。你要努力提高自己的素质——这是内因，所谓的决定因素。至于如何准备，我们也曾多次交流，尤其在这个假期交流得更是深入。我要提醒你的有下列几点：

在平时的学习、工作中，一定要关心社会、关注人生。作为一名党员，尤其应该如此。单从学习角度来看，你看公务员考试，知识面是很广的，尤其是申论，所以平时就要注意这方面的积累。从你上小学开始，我们就利用吃午饭的空闲看《今日说法》，利用吃晚饭的时间看《新闻联播》甚至是《焦点访谈》，而且我平时和你交流得也很多。根据我对你的了解，你已经形成了关心社会、关注人生的习惯了吧。

你说为了英语水平不断提高及以后就业，尽管英语六级已经考过关，这个学期仍然要利用周末参加英语培训，我认为你的做法很好，这也是为了以后的发展所做的一种准备。而且，如果处理好参加英语学习和专业学习以及工作的关系，参加英语培训就是"额外"的收获。至于如何处理，我不太了解你们课程安排的具体情况，所以我说得太具体反而不一定有实用价值。我的底线是：第一，保证在不影响正常课程学习的前提下搞好英语培训；第二，要想获得更多的收获，就要付出更大的代价。你可能会说我的担心是多余的，你能处理好。爸爸当然希望如此，可是对学生来说，一般平时计划做得比较好，但是执行的时候往往坚持不下去，所谓意志不够坚强。尤其是在需要付出较大代价的时候，缺乏耐心和恒心。所以我特别强调（也是重复强调）这一点，希望引起你的注意。

作为学生，在处理一些问题的时候，往往有不成熟的地方。作为一名学生干部，作为一名预备党员，希望你进一步加强这方面的锻炼，平时处理问题，在坚持原则的前提下,注意工作的方式、方法。通过锻炼,使自己处理问题的水平得到提高,尽快成为一名优秀的学生干部、一名优秀的预备党员,起码为下学期党员转正打下坚实的基础。

要注意保持自己的写作习惯,除了老师、领导布置的材料,自己遇到一些问题有所感悟,或者解决了一些问题觉得体会很深,就要写下来,尤其是注意时常用笔写一些东西,以后你会体会到这样做的好处。

假期你们同学聚会,你说已经看出同学之间的差别,其实再过多少年,这种差别会更明显。即使一样上大学的同学,即使刚刚毕业,也能出现差别。你看有的学生,学习用心不多,恋爱用心不少,到头来别说恋爱不成,就是成了,由于恋爱影响甚至荒废了学业,到了社会也很难有所成绩,有的甚至生存都成问题;有的学生,除了被动学习专业知识以外,不读书(主要是关于社会问题的书籍),不看报,就是看电视也是以武打、言情剧为主,这样即使有所理想,也是很难实现的。等你大学毕业以后,看看你的同学的结局,你会理解爸爸的观点的。人的一生中,一同进入学校接受小学、初中、高中、大学教育的各个层次的同学,毕业多少年以后的结局,往往差别是很大的,为什么? 希望你多加思考我平时和你交流的这方面的问题。就目前来看,你还是比较幸运的,起码你已经走上了比较高的台阶。下一步,你需要做到的就是"内强素质,外抓机遇",努力实现你大学四年后第一阶段的理想。

本学期你有了笔记本电脑,但作为"双刃剑",电脑也会帮倒忙,你一定要注意把电脑作为积极的工具来用。

按照我原定的经典阅读计划,本学期应该继续完成上学期没有学完的"《论语》阅读",此次寄信,除了给你寄去"经典阅读——论语中的成语(之二)",我把我收集的中国青年杂志社举办,人民网、新浪网等共同参与征集、评选的《影响当代中国青年的100句人生名言》也随信给你寄去,也算是我送给你的新学期寄语。但愿你认真学习这份资料,努力做一个把个人前途和党、国家、民族命运结合在一起的有志向的青年人。

爸爸相信你本学期会更上一层楼。

爸爸

×年×月×日

●·· 附寄学习资料

经典阅读——《论语》中的成语（之二）

（接上学期）

对于下面的成语，在《论语》中找出其出处（写出《论语》中含有该成语的句子）；用现代汉语写出一个含有该成语的例句。

43. 血气方刚——血气：精力；方：正；刚：强劲。形容年轻人精力正旺盛。
    出处（　　　　　　　）；例句（　　　　　　　　　　　　　）

44. 色厉内荏——色：神色，样子；厉：凶猛；荏：软弱。外表强硬，内心虚弱。
    出处（　　　　　　　）；例句（　　　　　　　　　　　　　）

45. 道听途说——道：道路；途：路途。路上听来的又在路上传播的话。泛指没有根据的传闻。
    出处（　　　　　　　）；例句（　　　　　　　　　　　　　）

46. 饱食终日——终日：整天。整天吃饱饭，不动脑筋，不干什么正经事。
    出处（　　　　　　　）；例句（　　　　　　　　　　　　　）

47. 四体不勤，五谷不分——四体：指人的两手两足；五谷：通常指稻、黍、稷、麦、菽。指不参加劳动，不能辨别五谷。形容脱离生产劳动，缺乏生产知识，脱离劳动人民。
    出处（　　　　　　　）；例句（　　　　　　　　　　　　　）

48. 无可无不可——表示怎样办都行，没有一定的主见。
    出处（　　　　　　　）；例句（　　　　　　　　　　　　　）

49. 见危致命——在危急关头勇于献出自己的生命。同"见危授命"。
    出处（　　　　　　　）；例句（　　　　　　　　　　　　　）

50. 学而优则仕——优：有余力。学习了还有余力，就去做官。后指学习成绩优秀然后提拔当官。
    出处（　　　　　　　）；例句（　　　　　　　　　　　　　）

51. 天下归心——形容天下老百姓心悦诚服。
    出处（　　　　　　　）；例句（　　　　　　　　　　　　　）

52. 不耻下问——不以向学问比自己差的或职位比自己低的人请教为可耻。
出处(　　　　　　);例句(　　　　　　　　　　　　　)

53. 惠而不费——惠:给人好处;费:耗费。给人好处,自己却无所损失。
出处(　　　　　　);例句(　　　　　　　　　　　　　)

54. 不亦乐乎——乎:文言中用为疑问或反问的语气助词,这里相当于"吗"。用来表示极度、非常、淋漓尽致的意思。
出处(　　　　　　);例句(　　　　　　　　　　　　　)

55. 恶衣恶食——恶:粗劣的。指粗劣的衣服和食物。
出处(　　　　　　);例句(　　　　　　　　　　　　　)

56. 发愤忘食——努力学习或工作,连吃饭都忘了。形容十分勤奋。
出处(　　　　　　);例句(　　　　　　　　　　　　　)

57. 割鸡焉用牛刀——也做"杀鸡焉用牛刀"。宰鸡何必用宰牛的刀。比喻做小事情不必费大力气或大材不能小用。
出处(　　　　　　);例句(　　　　　　　　　　　　　)

58. 诲人不倦——教导人特别耐心,从不厌倦。
出处(　　　　　　);例句(　　　　　　　　　　　　　)

59. 理屈词穷——理:道理,理由;屈:短,亏;穷:尽。由于理亏而无话可说。
出处(　　　　　　);例句(　　　　　　　　　　　　　)

60. 鸣鼓而攻之——比喻宣布罪状,谴责或声讨。
出处(　　　　　　);例句(　　　　　　　　　　　　　)

61. 内省不疚——指自我反省,内心并不感到惭愧不安,即没有做有愧于心的事。
出处(　　　　　　);例句(　　　　　　　　　　　　　)

62. 能近取譬——譬:打比方。能就自身打比方。比喻能推己及人,替别人着想。
出处(　　　　　　);例句(　　　　　　　　　　　　　)

63. 年富力强——年富:未来的年岁多。形容年纪轻,精力旺盛。
出处(　　　　　　);例句(　　　　　　　　　　　　　)

64. 匹夫不可夺志——虽是平民也不可强迫他放弃主张。
出处(　　　　　　);例句(　　　　　　　　　　　　　)

65. 轻裘肥马——穿着轻暖的皮袄,骑着肥壮的好马。形容生活阔绰。
出处(　　　　　　);例句(　　　　　　　　　　　　　)

66. 三复斯言——三复:多次反复;斯言:这句话。反复朗读并体会这句话。形容对它极为重视。

出处（　　　　　　　　）；例句（　　　　　　　　　　　　　　　　）

67. 杀身成仁——表示为了成全仁德，可以不顾自己的生命。或为了维护正义事业而牺牲生命。

出处（　　　　　　　　）；例句（　　　　　　　　　　　　　　　　）

68. 善贾而沽——贾：通"价"。善贾：好价钱；沽：出卖。等好价钱卖出。比喻怀才不遇，等有赏识的人再出来做事。也比喻有了肥缺才肯任职。

出处（　　　　　　　　）；例句（　　　　　　　　　　　　　　　　）

69. 手足无措——措：安放。手脚不知放到哪儿好。形容举动慌张，或无法应付。

出处（　　　　　　　　）；例句（　　　　　　　　　　　　　　　　）

70. 驷不及舌——驷：古时由四匹马拉的车；舌：指说的话。一句话说出口，四匹马拉的车也追不回。比喻一句话说出来，再也无法收回。

出处（　　　　　　　　）；例句（　　　　　　　　　　　　　　　　）

71. 循序渐进——循：按照；序：次序；渐：逐渐。指学习工作等按照一定的步骤逐渐深入或提高。

出处（　　　　　　　　）；例句（　　　　　　　　　　　　　　　　）

72. 循循善诱——循循：有次序的样子；诱：引导。指善于引导别人进行学习。

出处（　　　　　　　　）；例句（　　　　　　　　　　　　　　　　）

73. 言必有中——中：正对上。指一说话就能说到点子上。

出处（　　　　　　　　）；例句（　　　　　　　　　　　　　　　　）

74. 言不及义——及：涉及；义：正经的道理。指净说些无聊的话，没有一句正经的。

出处（　　　　　　　　）；例句（　　　　　　　　　　　　　　　　）

75. 仁人志士——原指仁爱而有节操，能为正义牺牲生命的人。现在泛指爱国而为革命事业出力的人。

出处（　　　　　　　　）；例句（　　　　　　　　　　　　　　　　）

76. 慎终追远——终：人死；远：指祖先。旧指慎重地办理父母丧事，虔诚地祭祀远代祖先。后也指谨慎从事，追念前贤。

出处（　　　　　　　　）；例句（　　　　　　　　　　　　　　　　）

77. 既往不咎——原指已经做完或做过的事，就不必再责怪了。现指对以往的过错不再责备。

出处（　　　　　　　　　）；例句（　　　　　　　　　　　　　　　　　　）

78. 富贵浮云——意思是不义而富贵，对于我就像浮云那样轻漂。比喻把金钱、地位看得很轻。

出处（　　　　　　　　　）；例句（　　　　　　　　　　　　　　　　　　）

79. 从井救人——意谓跟着跳到井里去救人。原用以比喻对别人并无好处而徒然危害自己的行为，后亦用以比喻冒极大危险去拯救别人。

出处（　　　　　　　　　）；例句（　　　　　　　　　　　　　　　　　　）

80. 侃侃而谈——侃侃：理直气壮、从容不迫的样子。理直气壮、从容不迫地说话。

出处（　　　　　　　　　）；例句（　　　　　　　　　　　　　　　　　　）

81. 敬而远之——敬：尊重；远：不接近；之：代词，指对象。表示尊敬却有所顾虑不愿接近。

出处（　　　　　　　　　）；例句（　　　　　　　　　　　　　　　　　　）

82. 述而不作——述：阐述前人学说；作：创作。指只叙述和阐明前人的学说，自己不创作。

出处（　　　　　　　　　）；例句（　　　　　　　　　　　　　　　　　　）

83. 箪食瓢饮——形容极为清贫的生活。后用为生活简朴、安贫乐道的典故。

出处（　　　　　　　　　）；例句（　　　　　　　　　　　　　　　　　　）

84. 斗筲之器——比喻气量狭窄的人。

出处（　　　　　　　　　）；例句（　　　　　　　　　　　　　　　　　　）

85. 斐然成章——形容文章富有文采，很值得看。

出处（　　　　　　　　　）；例句（　　　　　　　　　　　　　　　　　　）

影响当代中国青年的100句人生名言

《发现》2007年第一期（转自人民网）

1. 以热爱祖国为荣，以危害祖国为耻。以服务人民为荣，以背离人民为耻。以崇尚科学为荣，以愚昧无知为耻。以辛勤劳动为荣，以好逸恶劳为耻。以团结互助为荣，以损人利己为耻。以诚实守信为荣，以见利忘义为耻。以遵纪守法为荣，以违法乱纪为耻。以艰苦奋斗为荣，以骄奢淫逸为耻。　　——胡锦涛

2. 路漫漫其修远兮，吾将上下而求索。　　——屈原

3. 与有肝胆人共事，从无字句处读书。　　——周恩来

4. 出淤泥而不染,濯清涟而不妖。　　　　　　　　　——周敦颐

5. 生活的理想,就是为了理想的生活。　　　　　　　——张闻天

6. 静以修身,俭以养德,非淡泊无以明志,非宁静无以致远。　——诸葛亮

7. 走自己的路,让别人说去!　　　　　　　　　　　——但丁

8. 海纳百川有容乃大;壁立千仞无欲则刚。　　　　　——林则徐

9. 书是人类进步的阶梯。　　　　　　　　　　　　——高尔基

10. 要成就一件大事业,必须从小事做起。　　　　　　——列宁

11. 欲穷千里目,更上一层楼。　　　　　　　　　　——王之涣

12. 世上无难事,只要肯登攀。　　　　　　　　　　——毛泽东

13. 横眉冷对千夫指,俯首甘为孺子牛。　　　　　　　——鲁迅

14. 君子爱财,取之有道。　　　　　　　　　　　　——孔子

15. 一言既出,驷马难追。　　　　　　　　　　　　——佚名

16. 虚心使人进步,骄傲使人落后。　　　　　　　　　——毛泽东

17. 我们有力的道德就是通过奋斗取得物质上的成功,这种道德既适用于国家也
适用于个人。　　　　　　　　　　　　　　　　——罗素

18. 两情若是久长时,又岂在朝朝暮暮。　　　　　　　——秦观

19. 不想当将军的士兵,不是好士兵。　　　　　　　　——拿破仑

20. 生命诚可贵,爱情价更高;若为自由故,二者皆可抛。　——裴多菲

21. 那最神圣恒久而又日新月异的,那最使我们感到惊奇和震撼的两件东西,是
天上的星空和我们心中的道德律。　　　　　　　——康德

22. 先天下之忧而忧,后天下之乐而乐。　　　　　　　——范仲淹

23. 苟利国家生死以,岂因祸福避趋之。　　　　　　　——林则徐

24. 道德常常能填补智慧的缺陷,而智慧却永远填补不了道德的缺陷。　——但丁

25. 能够生存下来的物种,并不是那些最强壮的,也不是那些最聪明的,而是那些
对变化做出快速反应的。　　　　　　　　　　　——达尔文

26. 虚荣的人注视着自己的名字;光荣的人注视着祖国的事业。　——何塞·马蒂

27. 天下兴亡,匹夫有责。　　　　　　　　　　　　——顾炎武

28. 人生自古谁无死,留取丹心照汗青。　　　　　　　——文天祥

29. 知识就是力量。　　　　　　　　　　　　　　　——培根

30. 如果错过太阳时你流了泪,那么你也要错过群星。　　——泰戈尔

31. 人最宝贵的是生命。生命对于每个人只有一次。人的一生应当这样度过:

回首往事,他不会因为虚度年华而悔恨,也不会因为碌碌无为而羞愧;临终之际,他能够说:"我的整个生命和全部精力,都献给了世界上最壮丽的事业——为解放全人类而斗争。"　　　　　　　　　　——奥斯特洛夫斯基

32. 古之立大志者,不惟有超世之才,亦必有坚韧不拔之志。　　　——苏轼

33. 立志是事业的大门,工作是登堂入室的旅程。　　　　　　　——巴斯德

34. 盛年不重来,一日难再晨。及时当勉励,岁月不待人。　　　——陶渊明

35. 三军可夺帅也,匹夫不可夺志也。　　　　　　　　　　　　——孔子

36. 吾爱吾师,吾更爱真理。　　　　　　　　　　　　——亚里士多德

37. 为中华之崛起而读书。　　　　　　　　　　　　　　——周恩来

38. 仰不愧天,俯不愧人,内不愧心。　　　　　　　　　　　——韩愈

39. 天行健,君子以自强不息。地势坤,君子以厚德载物。　　——《周易》

40. 只有在那崎岖的小路上不畏艰险奋勇攀登的人,才有希望达到光辉的顶点。　　　　　　　　　　　　　　　　　　　　　　　——马克思

41. 要散布阳光到别人心里,先得自己心里有阳光。　　　——罗曼·罗兰

42. 少壮不努力,老大徒伤悲。　　　　　　　　　　——乐府《长歌行》

43. 学无止境。　　　　　　　　　　　　　　　　　　　　　——荀子

44. 己所不欲,勿施于人。　　　　　　　　　　　　　　　　——孔子

45. 有志者,事竟成,破釜沉舟,百二秦关终属楚;苦心人,天不负,卧薪尝胆,三千越甲可吞吴。　　　　　　　　　　　　　　　　　——蒲松龄

46. 天将降大任于斯人也,必先苦其心志,劳其筋骨,饿其体肤,空乏其身,行拂乱其所为,所以动心忍性,曾益其所不能。　　　　　　　——孟子

47. 美是到处都有的,对于我们的眼睛,不是缺少美,而是缺少发现。　——罗丹

48. 你若要喜爱你自己的价值,你就得给世界创造价值。　　　　——歌德

49. 时间像海绵里的水,只要你愿意挤,总还是有的。　　　　　——鲁迅

50. 老吾老以及人之老,幼吾幼以及人之幼。　　　　　　　　——孟子

51. 富贵不能淫,贫贱不能移,威武不能屈,此之谓大丈夫。　　——孟子

52. 业精于勤,荒于嬉;行成于思,毁于随。　　　　　　　　——韩愈

53. 三人行,必有我师焉,择其善者而从之,其不善者而改之。　——孔子

54. 人的生命是有限的,可是为人民服务是无限的,我要把有限的生命投入到无限的为人民服务之中去!　　　　　　　　　　　　　——雷锋

55. 生活永远不像我们想象的那样好,但也不会像我们想象的那样糟。——莫泊桑

56. 我要扼住命运的咽喉,它妄想使我屈服,这绝对办不到。生活是这样美好,活他一千辈子吧!　　　　　　　　　　　　　　——贝多芬

57. 人的差异在于业余时间。　　　　　　　　　　　　　　——爱因斯坦

58. 读一本好书,就是和许多高尚的人谈话。　　　　　　　——歌德

59. 世界上最宽阔的是海洋,比海洋更宽阔的是天空,比天空更宽阔的是人的胸怀。　　　　　　　　　　　　　　　　　　　　　——雨果

60. 衡量一个人的真正品格,是看他在知道没人看见的时候干些什么。

　　　　　　　　　　　　　　　　　　　　　　——孟德斯鸠

61. 天才就是百分之二的灵感,百分之九十八的汗水。　　——爱迪生

62. 千里之行,始于足下。　　　　　　　　　　　　　　——老子

63. 人并不是因为美丽才可爱,而是因为可爱才美丽。　　——托尔斯泰

64. 给我一个支点,我可以撬起地球。　　　　　　　　　——阿基米德

65. 历览前贤国与家,成由勤俭败由奢。　　　　　　　　——李商隐

66. 宝剑锋从磨砺出,梅花香自苦寒来。　　　　　　　　——佚名

67. 勿以恶小而为之,勿以善小而不为。　　　　　　　　——刘备

68. 不积跬步,无以至千里;不积小流,无以成江海。　　——荀子

69. 如果不想在世界上虚度一生,那就要学习一辈子。　　——高尔基

70. 天生我才必有用。　　　　　　　　　　　　　　　　——李白

71. 良好的开端是成功的一半。　　　　　　　　　　　　——亚里士多德

72. 纸上得来终觉浅,绝知此事要躬行。　　　　　　　　——陆游

73. 机遇只偏爱那些有准备的头脑。　　　　　　　　　　——巴斯德

74. 人不是为失败而生的,一个人可以被消灭,但不能被打败。——海明威

75. 人的一生可能燃烧也可能腐朽,我不能腐朽,我愿意燃烧起来!

　　　　　　　　　　　　　　　　　　　　——奥斯特洛夫斯基

76. 鞠躬尽瘁,死而后已。　　　　　　　　　　　　　　——诸葛亮

77. 长风破浪会有时,直挂云帆济沧海。　　　　　　　　——李白

78. 骐骥一跃,不能十步;驽马十驾,功在不舍;锲而舍之,朽木不折;锲而不舍,金石可镂。　　　　　　　　　　　　　　　　　——荀子

79. 人无远虑,必有近忧。　　　　　　　　　　　　　　——孔子

80. 人不可有傲气,但不可无傲骨。　　　　　　　　　　——徐悲鸿

81. 失败乃成功之母。　　　　　　　　　　　　　　　　——牛顿

82. 物竞天择,适者生存。　　　　　　　　　　　　——赫胥黎

83. 人只有献身于社会,才能找出那短暂而有风险的生命的意义。　——爱因斯坦

84. 穷则独善其身,达则兼济天下。　　　　　　　　　——孟子

85. 岂能尽如人意,但求无愧我心!　　　　　　　　　——林则徐

86. 不要问你的国家能够为你做些什么,而要问你可以为国家做些什么。

　　　　　　　　　　　　　　　　　　　　　　　——林肯

87. 有很多良友,胜于有很多财富。　　　　　　　　——莎士比亚

88. 由俭入奢易,由奢入俭难。　　　　　　　　　　——司马光

89. 如果说我比别人看得要远一点,那是因为我站在巨人的肩上。　——牛顿

90. 吾生也有涯,而知也无涯。　　　　　　　　　　——庄子

91. 生于忧患,死于安乐。　　　　　　　　　　　　——孟子

92. 我的最高原则是:不论对任何困难都绝不屈服。　　——居里夫人

93. 人生的价值,并不是用时间,而是用深度去衡量的。　——列夫·托尔斯泰

94. 古之成大事业大学问者,必经过三种之境界:"昨夜西风凋碧树,独上高楼,望
　　尽天涯路。"此第一境也。"衣带渐宽终不悔,为伊消得人憔悴。"此第二境也。
　　"众里寻她千百度,蓦然回首,那人却在灯火阑珊处。"此第三境也。

　　　　　　　　　　　　　　　　　　　　　　　——王国维

95. 夫仁者,己欲立而立人,己欲达而达人。　　　　　——孔子

96. 书山有路勤为径,学海无涯苦作舟。　　　　　　　——韩愈

97. 希望是生命的源泉,失去它生命就会枯竭。　　　　——富兰克林

98. 一个人追求的目标越高,他的才力就发展得越快,对社会就越有益。

　　　　　　　　　　　　　　　　　　　　　　　——高尔基

99. 劳动一日,可得一夜的安眠;勤劳一生,可得幸福的长眠。　——达·芬奇

100. 世界上最快乐的事,莫过于为理想而奋斗。　　　　——苏格拉底

写在留学生选拔笔试之前

××:

此次写信,我主要谈谈参加留学生笔试选拔的事情。从宏观方面嘱咐你注意以下几个方面的问题:

第一,尽心尽力迎考。要拿出高三时准备参加高考的劲头来,全力以赴地准备,绝对不能因为不努力准备而落选。我做事一贯的"八字"原则你是知道的——尽心尽力,无怨无悔。

我这个年龄的人,小时候看苏联作家奥斯特洛夫斯基的名著《钢铁是怎样炼成的》,记得最牢的就是"人最宝贵的是生命。生命对于每个人只有一次。人的一生应当这样度过:回首往事,他不会因为虚度年华而悔恨,也不会因为碌碌无为而羞愧;临终之际,他能够说:'我的整个生命和全部精力,都献给了世界上最壮丽的事业——为解放全人类而斗争。'"这段话影响了几代人,对我来说,其影响至今犹深。爸爸现在和你谈这段话,就是想进一步提醒你努力做到我上面说的八个字。

第二,处理好迎接考试和其他方面的关系。切记处理好当前主要矛盾和次要矛盾的关系。俗话说得好:舍得舍得,有舍才有得。在结束选拔考试以前,与迎接选拔无关的就要舍,否则就很难充分准备迎接此次选拔,而仓促应试是很难取得理想结果的,那就很难有所得了。所以你在确定了有效复习范围以后,要保证以最集中的精力、最有效的方法准备迎接此次选拔。如何处理迎接选拔和其他方面问题的关系,反映了你在决定自己前途和命运的关键时刻把握机遇的能力,这种能力甚至就决定了你的前途和命运。

你现在一边上课一边准备迎接选拔,严格地说,是利用业余时间准备。这就存在一个处理好选拔考试课程的学习和非考试课程的学习的关系问题。我觉得在考试以前，应当以考试课程的学习为主，对于这次应考的非考试课程，可以看看这一阶段的内容对自己而言的难易程度，有的内容对你来说很简单，那就不要再去花气力了，等考试以后再集中精力补补这一阶段的课程。

这一阶段的工作可以让不参加选拔考试的学生干部多分担一些。我想，如果客气地跟他们说明，以我对你同学的了解和我对你与同学关系的了解，他们也会做好的。

第三，制订迎接考试的学习计划并准备学习资料。除了按照学校"通知"的要求，还要向领导、老师和你的师兄们请教、咨询，下一步选拔考试一般都是考哪些方面的内容，根据"通知"和征求到的意见及建议制订一份学习计划，准备资料。

第四，处理好时间和效果的关系。从现在到考试，时间不多了，而且平时还要上课，还要做工作，因此，比较紧张，一定要在利用一切可以利用的时间的基础上讲究学习效果，要解决好不断总结、不断改进、不断提高的问题。

你告诉我杂事太多，没有时间学习。在电话里我简单说了一些利用时间的诀窍，其实过去爸爸也多次对你谈过，希望也相信你会借鉴我的意见。另外，我要根据你此次电话里讲的情况提醒你如何利用时间。如果一定要保证有完整的时间段、很安静的环境才能学习，那是自己心态不平和的表现。你回忆一下，是否还记得我们在坐公交车的时候就发现过拿着业务书籍学习的人。事实上，一个人只要对某一方面"入"了心，一般的不安静的外部因素是很难干扰他的。

第五，如何对待优势课程和弱势课程。所考课程中，自己有优势的要保持住优势，能提高更好；对自己的弱势课程一定要尽力提高，绝对不能犯一般学生容易犯的低级错误——越是学得好的课程越是有兴趣，越是用功学；越是学得差的课程越是反感，越是不用功学。须知，首先要总分过关。

第六，如何处理知识体系的理顺和具体内容的掌握以及应用。对于各门考试课程，首先要尽快理顺其知识体系，在此基础上理清各个环节的具体内容，明确这些内容所涉及的应用范围。若能如此，迎考的基础工作就做好了。

第七，在参加笔试的过程中要注意卷面整洁，书写认真、清晰。

上次给你写的信让你妈妈看了，她说我写的字不行，人家看不清楚写的是什么。其实她说的是实话，这主要是我态度不端正，认为又不是写什么正规的报告，还有必要认真吗？可我平时教育别人包括教育你，老是说写字要让别人看清楚。

我必须作自我批评,并实践自己"写字要让人看清楚"的标准。那就从此次写信开始吧,希望我们相互监督。

第八,即使是参加笔试,也要注意自己的形象——着装和言谈举止,要给组织考试的人和参加考试的人留下良好的印象——如果你入选,组织考试的人下一步可能就是你们面试的考官,再下一步可能就是你们的领导至少是同事;参加考试的人里面下一步一定有你们的同事。这样一来,你在他们眼里的第一印象对以后可能产生积极或者消极的效果,所以你一定要注意。

作为信的结束,爸爸再写一句总结性的话送给你:及时掌握信息,制订可行计划,注意讲究方法,倾注全部心血。至于具体的做法,很多具体情况我都不了解,所以难以给你很具体而又全面的指导,相信你会心中有数。为了让你有更多的时间、更安静的心态准备,我本来打算在你考试以前不给你邮寄资料的,可是考虑你要填表,此次给你邮寄一份资料供你参考。

你已经参加过几次类似的选拔考试了,每次都是过关斩将、脱颖而出。我对你有信心。

爸爸

×年×月×日

●··· 附寄学习资料

应聘时如何写简历

胡泽国

中国校企网 2007-2-7

一、简历的作用

大家知道,简历并不能直接为我们找到工作,它只是起到吸引用人单位的注意,进而让我们获得面试机会的作用。从这点来讲,简历就是一块敲门砖,就是一个媒介。它就像一张名片一样,不好的名片就很可能被企业扔进垃圾桶中。而这个垃圾桶被戏称为"人才库",所以你得到的回复可能是"我们已经把你的简历放进了公司的'人才库',以后有合适的机会我们会予以考虑",这些都是谎言。另外,用人单位还可以借助简历来了解求职者的分析能力、沟通能力和概括能力,甚至是了解求职者的性格特征的依据。既然简历有如此重要的作用,那么大家就不能不认真对待。

二、遵循一定的格式写简历

一般来讲,比较受欢迎的格式大都分为七大步骤:

1. 基本情况,包括姓名、性别、出生日期和联系方式等

很多学生在简历的最上端写上"个人简历"四个字,这样一方面显得求职者非常没有自信,另一方面也浪费了用人单位寻找姓名的时间。因此,大家在写简历时最好能够开宗明义:在最上面写上自己的名字,而且还要加重、突出。如果求职者的五官、气质不错,那就可以附上一张自己认为最满意的照片,否则,就不必附上了。至于性别问题,如果附上照片了,就不用再写了。关于联系方式,要尽可能将地址、E-mail和电话写得清楚、详细,这样便于用人单位联络。

2. 求职目标

求职目标是简历中非常重要的部分。很多同学在写简历时,根本没有求职目标,让用人单位感觉就是一个全才,无所不能。求职目标,就像人生的目标,就像大海中航船的灯塔,就像子弹射击的靶子,如果缺乏目标,人生就失去方向,简历就失去意义。所以,大家在写简历时,一定要在简历的上面注上求职目标。当然,求职目标范围一定要明确,不能把不相关的职位放到一起,例如:如果希望应聘营销经理,那么最好不要把应聘财务和金融方面的职位也列在上面,如果确实也想应聘财务、金融方面的职务,那么最好是另外准备一份简历。

3. 核心优势

如果说求职目标是靶子的话,那么核心优势就是子弹,要想百发百中,子弹不仅质量要好,而且要瞄向准。所以,当大家写完求职目标后,就应该向企业简要说明为何要雇用你而不是别人,也就是要展现你的核心优势。在写核心优势时,要尽量向着求职目标靠拢。大家可从为人处世、学习能力、工作能力等方面来展开,无关的内容不要描述。很多毕业生希望应聘总裁助理职位,那么在核心优势中,你必须要着力凸显你能胜任做总裁助理的才能和优势,比如尽可能展现你的组织能力、沟通能力,以及具备处理不同领导之间关系的能力等,这样才能让企业发现你的与众不同之处。

一份简历中,最重要的部分就是求职目标和核心优势,企业往往看完核心优势后,就能决定求职者能否胜任工作。下面是证明自己的核心优势所必备的内容。

4. 教育背景

教育背景是自己学习能力的体现，它能够证明自己核心优势中的学习能力，具备了这种能力，也就具备了某些知识和某些素质。当然，一般大公司看的是"素质"，小公司看的是"技能"。如果要想换专业，应尽量在简历中描述自己的素质，而不是技能。

5. 实习或工作经历、项目经验

这部分能够体现自己的工作能力，所以尽量要多写些，包括校内的实践，校外的实习，从如何得到这份工作，以及工作中的职责范围及工作成果等，这些务必要描述清楚。当然，经历比较多时，要把最新的内容放在上面，重要的放在重要的位置，这样让用人单位感觉你的能力越来越强。顺便提一句，外企是比较喜欢有项目工作经验的应聘者的，如果有的话，那么尽量要着重突出。

6. 获得奖励

写奖励要适度，不要一股脑儿全部罗列上去，要分类和突出重点。例如有一个学生，在大学4年中，共得到了34个证书，能力非常强。他把所有的证书都列到简历中了，其实这样完全没有必要，因为很多证书就是同类的，并且有些证书相互之间有包含的作用，例如：四级考了优秀，六级也得了优秀，就没有必要附上四级证书了。

7. 其他：个人特长及爱好、其他技能、推荐信、专业团体、著述和证明人等

个人特长、技能等能起到锦上添花的作用，如果写得好的话，可以增加求职者的求职砝码。而推荐信更为重要，能够起到"贴金"的作用，如果学校领导、教授或者社会高层人士为求职者写推荐信，分量将会大大增加。

顺便提一句，简历写完了，不能说就是大功告成了。如何发送简历也至关重要，大家在发送简历时，最好是正文和附件各附一份，这样就可以避免因附件带病毒而无法打开的情况出现。

总之，写简历都是在"证明"，首先证明"我"申请了这个岗位；其次是证明"我"具备的优势能够胜任这个岗位；再次是通过详细的内容来证明"我"的优势。

所以，写简历就是在证明"我行"，"我"比别人更适合用人单位所提供的职位。

写在留学生选拔笔试之后

××:

当你坐在考场中集中精力应考的时候,爸爸在办公室里给你写信。这两天我想得最多的事就是你参加留学生选拔考试这件事。对这件事,我的内心想得最多的又是:结果是第二位的,第一位的应该是考过以后好好总结一下从准备迎接选拔考试到参加选拔考试的得与失。你现在是大二,还有两年毕业,假设此次不成功,以后参加这种选拔的机会还是有的,如果能好好从这次准备到考试的过程中总结得与失,并在以后的过程中注意借鉴,对你以后的发展是有积极意义的。人的一生是有多次机遇或者叫作挑战的,学生时期是这样,到了社会更是如此。只有不断总结并注意在实践中扬长避短,才能尽早成熟起来,从而更快地进步,做出更大的成绩。

你收到我的信的时候,可能就快放"五一"假了,要把假期安排好,由于你准备迎考比较疲劳,而且也正值考试结束,所以此次假期可以拿出部分时间缓冲一下,但是不要"玩过了头",我看主要是总结此次迎考和考试的得与失;总结为了迎考耽误了多少学习和工作。这对于以后参加此类活动,对于近期功课的补习,对于工作的接续,都是必需的。

"五一"开学后,想必参加面试人员的名单仍然要等一阶段才能有结论,等待结论的这一阶段对你来说是考验期,一定要耐住性子沉住气,利用这一阶段赶快补课,主动弥补耽误的工作,接续其他同学帮助你做的工作。

爸爸

×年×月×日

书信四

怎样才能进一步处理好同学关系

××：

近期，你在和我交流的过程中几次提到处理和协调人际关系的问题，关于这方面的问题，过去我写给你的信中已经谈过，尤其是我提醒过你注意把和不同类型人打交道看成阅历和能力的积累，目的就是启发你以积极的心态对待这个问题。处理好和同学们的关系，协调好同学们之间的关系，从为自己创造良好的生活、工作、学习环境角度看是很重要的。其实，处理好和同学们的关系也是一种能力，而且是一种很重要的能力。

我觉得，要处理好同学关系，首先就要改变自己。要严于律己，宽以待人，注意在日常生活中大气一些、平和一些，在日常工作尤其是关键时刻的工作中积极一些、主动一些。要想到自己是党员、班长，要吃苦、吃亏在前，淡泊名利思想。刘少奇有一句话，大意是：共产党人就是要吃小亏，占大便宜。吃什么小亏？在付出方面、在自由方面、在名利方面，都要吃亏；占什么大便宜？就是得到人心的凝聚。在事关个人前途和命运的大是大非面前，自己努力是应该的，但是，也希望大家在同一起跑线上竞争，没有必要搞得小小气气。在我看来，竞争出效益，但是，要和大家公平竞争、光明正大地竞争——这是底线。要知道，同学之间关系不好的原因，除了性格、爱好不同，相互计较鸡毛蒜皮的是非和利益，作为大学生，很重要的是在决定自己名誉甚至前途的"大是大非"、重大利益面前没有处理好。所以，要处理好同学关系，做到我上面说的那些方面尤其重要。

另外，要处理好同学关系，很重要的一点就是注意多和同学交流，尤其是注意多和同学谈心。我读了《党员干部之友》2007年第3期张汉忠《温总理的谈心艺术》,感到文章写得不错。"充分尊重谈心对象、切实遵循示范原则、着力追求情理统一、十分注重思想共鸣"都很有借鉴价值,邮寄给你,希望你好好学习,认真借鉴。我的理解是:"示范原则"是指正人先正己,要求别人做到的自己首先做到,要求别人不做的自己首先不做;"情理统一"就是谈话要注意以情感人、以理服人,谈话内容合情合理;"思想共鸣"是指谈话双方思想上要共通共融,起码要做到求大同存小异。你是否还记得,在你上大一的时候,我给你写的信中有"做好工作的前提是达成共识,达成共识的前提是交流,交流的前提是理解尊重对方、求大同存小异。这对于做好工作甚至对于生活中为人处事都很有意义",这里再次写给你,你回顾一下两年大学生活,重温这句话,相信会有更深刻的体会。

第三,处理好同学关系,要先从同桌做起,再到同组、同宿舍直到全班。你作为班长,除了个人处理好和同学们之间的人际关系,还要协调好同学们之间的人际关系,要多组织一些活动,诸如座谈、讨论、联谊,最好是专题性质的,让大家在活动中加强交流、加深了解,增进友谊、增强团结。要让同学们知道,能在一起学习生活,是终生都要珍惜的缘分;终生珍惜的具体表现就是从现在做起,从每一个人做起,从长远计议;要让同学们知道,如果每一个人都能做到吃苦、吃亏,那同学之间就没有处理不好的问题。

相信你会处理好和同学们之间的关系,相信你们同学之间会处理好相互之间的关系,相信你会协调好同学们之间的关系。你们都是高文化层次的人,我相信你们。

近期我看了一些资料,也总结了自己的一些想法,我觉得,一个人真正的成熟,其标志是心理成熟,心理成熟的标志是心态平和,心态平和的标志是遇事冷静思考,想得宽一些,想得深一些,想得远一些。

你可以把我的信件和附寄的资料让同学们传阅一下——但愿我邮寄的资料对你们全班同学都有参考价值。

最后我要提醒你的是,尽管面试通知没有下,但你一定要在积极补课的前提下开始面试的准备,起码开始收集面试可能的内容和面试的方法。不然的话,如果突然来了通知,可就来不及准备了,那时仓促应战心理上恐怕就会慌张,也就难以发挥出最好水平。所以,你一定按照我说的办,积极补课、积极准备迎接面试。

有确切的信息及时和我联系。

爸爸

×年×月×日

书信五

写在留学生选拔面试之前

××：

　　你告诉我，接到通知，参加面试的人员里有你，这得益于领导、老师、同学们的支持，也是你努力的结果。

　　下一步你要全力以赴地准备参加面试，做到面试前不带问题进考场，面试后不带遗憾出考场。

　　至于面试的准备，一是学习我捎去的书籍和资料，二是多看你自己了解到的信息和寻找的资料。在汇总这些内容的基础上，自己再理出一条线索来，制订一份准备面试的行动计划，在面试以前完成，做到心里踏实就可以不带问题进考场了。

　　在总结迎接笔试准备过程时，你说自己的弱点之一就是计划做得很好但是不能很好地坚持，这就说明你的意志力还不够坚强，这也是不少人不能最终成就事业的至关重要的弱点。小到一个人，大到一个国家，短期、中期、长期，都要有发展计划，没有计划是不会有长远的理想结局的。俗话说得好，人无远虑必有近忧。但是，定了的计划就要坚持执行，如果不执行或者不坚持执行，要么计划落空，要么半途而废。当然，随着时间的推移和形势的改变，计划是可以修订的，修订计划是与时俱进的表现，但是定了的计划不执行或者不坚持执行是没有意志的表现。怎样锻炼自己的意志力？我觉得，要在执行计划——往大处说要在追求目标的过程中不断克服自己的弱点、不断磨炼自己的意志，最终形成良好的生活习惯、职业习惯。观察总结古今中外那些成功人士，你会发现，他们之所以最终做出骄人的成绩，都是在有了人生理想之后，靠孜孜不倦的追求才走到人生的顶峰。他们对事业的追求已经融入自己的生活中,已经成为自己的职业习惯。习惯成自然,一旦形成良好的生活习惯、职业习惯,想不出成绩都难。叶圣陶说:"凡是好的态度和好的方法,都要使它成为习惯。只有熟练得成了习惯,好的态度才能随时随地表现,好的方法才能随时随地应用,好像出于本能,一辈子受用不尽。"这话是很有见地的。你看,诺贝尔奖获得者朱棣文、康奈尔、霍夫特、劳夫林在接受中央电视台记者采访时,把常人难以忍受的富有挑战性的夜以继日的工作看成习以为常的工作状态,把常人觉得是要付出巨大代价的劳动当成习惯性的乐在其中。北京大学心理学博士卢致新在谈到成功的人们似乎永远在成功,失败的人们似乎永远在失败的原因时说:"习惯两个字在起作用。一个人习惯于懒惰,他就会无所事事地到处溜达;一个人习惯于勤奋,他就会孜孜以求,克服一切困难,做好每一件事情。"任何人要有所成就,无疑都要克服一系列的困难,但对于有了良好习惯的人来说,那些困难是微不足道的,取得成绩也是自然而然的事情。我过去和你讲的"观念决定言行、言行决定习惯、习惯决定风格、风格决定命运"也有这方面的道理。

你既然对自己的弱点心中有数了,就要在以后的学习、工作、生活中有意识地去克服,力争不要将这些弱点带到工作中去。起码这次准备面试的过程中要克服自己这一弱点。

至于在面试过程中应该如何做才能在面试后不带遗憾出考场,才能取得满意的成绩,因为我不了解这样的面试的具体情况,所以也不能给你提出很实用的建议,即使跟你说,也无非是注意仪容仪表、精神状态,反应敏捷、表达清楚,讲文明、懂礼貌之类的套路话,没有什么具体的指导意义。只是说起反应敏捷,希望你注意,如果面试主考官提的问题在你准备的范围以外,你千万不要慌张,更不要冷了场,稍加思考以后就要回答。如果从理论上不能给出完整的答案,也可以举一些例证说明你要表达的观点。例如回答"工作是艰苦的,你能吃得了苦吗?"这类问题,单纯表态其实不一定比表态之后列举你平时的吃苦表现更有说服力。军训过程中你不就很能吃苦吗?不是还被评为"优秀军事学员"吗?最好的方案是,你根据学校发的材料的要求,多征求你们老师、往届参加过这样的面试的学长们的意见和建议,认真准备。为了帮助你准备面试,我附带邮寄一份《党员干部之友》2007年02期李士谦《面试求精举要》资料给你,可能对你有一般意义上的指导作用。

爸爸

×年×月×日

●·· 附寄学习资料

面试求精举要

李士谦

《党员干部之友》2007 年 02 期

公开考选实行面试已有多年了，论说已不是陌生问题，但据笔者最近几年做面试考官的经历和感受，总有不少应试者仍不得要领，给人的明显感受就是缺乏指导。故笔者根据多位考官的说法，对面试如何答得更完善，考得成绩更好提示几点精要，供在公开考选面试时参考，以求精益求精。

一、精神风度要讲究

人少了精神，行为必受影响。发挥好的应试者，应该是有精神、有朝气、有活力，神态从容、自然、自信，不畏缩、胆怯、慌张、失态，否则，刚开头便失分了。什么样的风度最好？没有统一的标准，只要控制好情绪，使入场时的一系列行动小节趋于自然，合理大方即可。比如入场后的走态、站姿、礼示、落座、目视、沟通、作答等，要神态自然，得体大方。单就"沟通"小节说，虽然大多是结构化面试法，应试者与考官少有沟通交流的内容，但从应试者进场后的照面、问候、示礼，到听题后因不清楚向考官提出复读、思考后请示回答、答完后说"第某题回答完毕"，到最后退场时道声"谢谢"或"再见"或"请指教"等，都是礼节性地与考官短暂交流的体现。这种交流显示着应试者的礼节，交际中的灵活、透脱、得体，正似说相声的两位演员间的逗捧式的紧密关系。总之，刚入场应试者给考官们的第一印象应该是这种很有精神风度的精干者。

二、答前准备要扎实

就目前面试安排环节看，在应试者作答前有这样几种情况：（一）进场前先有应试者 30 分钟的看题、准备，而后进场直接回答；（二）进场坐定后由应试者自己看题，也可作些思考准备，而后一一解答；（三）进场后由考官读题，应试者听后作答（有时桌面有印题，考官读应试者看）。对于后两种情况应试者可以不备即答、脑思心备而后答、简纲记写而后答，或称为即答型、专思型、记写型。就这三种应答型来说，如果你对考题十分熟悉，早已烂熟于胸，不用思考准备立即回答当然更好,能显示你的熟知、博学;但如果并无这种水平,还是作些准备再答为好。假如作准备时你有理得顺、记性好、印象深的长处,答起来思路清、记得准、不混乱的话,当然不必动笔记写,思考准备好后再答即可;而如果没这个长处,不如准备时记一下写一下为好。单说第三种记写准备法,好处在于明重点,能调理,强记忆,以作备忘,而后专心按简纲一一阐述,能体现出逻辑性,以保对答顺畅。实践证明,这种方法是稳妥的,可行的,效果也往往因对答顺畅流利而得到较好的成绩。考官们发现,有些应试者给他20分钟的时限,他竟用10分钟准备,几乎写成草稿,再用不到10分钟回答,时而看纲,时而发挥,而其表述有重点,思路清,答得顺,从而得到高分。足见充分而又扎实的答前准备多么重要,而草草匆忙回答者往往难保质量。这是从众多应试者的经验教训中得出的规律。

三、科学合理控时间

回答问题能充分合理地运用限时,不仅能显示一个应试者答题的水平,也能体现其一种特殊场合下的控制能力。有些应试者时间观念太差,不看面前所放时钟,仅凭心中估摸,结果出现有的题思考作答用时过长,后面题则因时少难保答全,甚至无时再答;有的作答用时过少,放弃了时间,影响了答题的质量;多数应试者则是细心周密,进场先找时钟,以便计量作答。应该注意的是,见题后,总时分配要心中有数,每题限时作答,题答完了,时间近到,分配均衡,恰到好处,科学合理,给考官留一个赞赏的心态。这虽是一个老问题,但不加重视,对待时间大大咧咧、模模糊糊,答题或虎头蛇尾,或鼠头虎尾,体现出来的是粗心、马虎、不认真的性格特点,当然不宜于选拔录用。这是应试者应汲取的教训。

四、善于把脉找"题眼"

"题眼"就是面试题的关键词、要害词。把到了题脉,找准了题眼,就能抓住关键,回答得切题、准确。面试时,有时桌面有题,自己读时方便找"题眼";有时桌面无题,只能听主考官读题,只能精神高度集中地在听中发现题眼,这是较难的。所以听题、读题时,不仅要知道怎样回答,更要注意回答什么,找不到题眼就要跑题,答不准确,效果自然是事倍功半。比如某市公选副县级干部一面试题:"请结合实际谈谈作为领导干部如何运用手中的权力。"有的应试者看了题明白是"权力"问题,但找不准"运用"的题眼,所以答起来泛泛而谈"什么是权力""权力的来源"等等,就是谈不拢"如何运用"上;有的应试者很仔细,立即抓住"如何运用"的"题眼"去发挥：为谁用，怎么用，答得重点突出，具体可行，且以党中央提出的"权为民所用"为主调，有理为据，非常圆满。再如某市公选卫生系统副县级干部面试题："护士每天和病人打交道，免不了会发生一些矛盾，如处理不好就影响工作。请你谈谈临床护理工作中常见护患矛盾发生的原因及对策。"有的应试者粗心读题笼统概括，找不到"题眼"，结果答的是医患矛盾及对策，是整个医院、医务系统的，那就太宽、太大了；有的应试者立即找到"护患"题眼，专析护士与患者矛盾的原因及对策，则是准确的，对口的，符合题意要求。显然，读面试题，首先把准脉络，找准"题眼"是回答好的前提。

五、精练表达重效果

语言表达能力是面试测试的目的之一。实践证明，读过面试题后，在做好充分准备的基础上，能够准确地抓住重点，精练流畅地回答出来，效果是好的。在这个环节上，有的应试者由于没作充分准备，心中无数，理不出要点，混沌式赘述，反复作无益解释，想以泛泛而谈以求全面，结果事与愿违，基本上属于无用功。有的应试者回答完几个题后，看还有时间，就对前面的题再作补充，造成错位脱节，逻辑混乱，前后难以贯通，不但于答无益，反而影响了语言表述的整体效果，实在是得不偿失。有些应试者准备得充分，抓住了要害，要点准确，简明扼要，再加表述通顺流畅，气势贯通，尽管用时不多，效果却很好，这显然是应试者答题的精练顺畅的气氛对考官起了感染作用所致。两种答法很值得思考、戒免或加以借鉴。

六、优势重在讲实证

在面试题型中，经常遇到一种常规题，也叫背景型题，让应试者作自我介绍，考官从中了解你的情况、特点，而后思考录用的可能性，比如家庭状况、学历经历、性格兴趣、爱好特长、志愿理想，尤其是介绍自己的优缺点，或说考录某岗位的"优势及存在问题"。这种类型的题应该说是很容易答的，不会被难住，但是如何说到点子上，却很有讲究。例如某市教育系统公选副县级干部一题："考选某校主管教学的副校长，你有哪些优势和不足？"作为测试自我认知能力的题，对优势的分析必须是实在的、可信的、服人的。这种"优势"分析最忌空洞浮夸、自我吹嘘，比如许多人都能说出的固定评语式，什么"良好基础""工作认真""思想坚定""刻苦努力""充满信心"等。这些话谁说都行，考官无法从这种"评语"中认知你。所以，说自己的优势应该是实在的、有据的、荣誉的、成就的东西。有位竞考者先用几句话评估了自己,接着摆出自己的成绩:"省优秀教师"、"教学比赛"奖次、发表教学论文及著述多少等,这样摆列"优势"不容考官不信服。至于评说自己的不足,应该是客观的、实在的、坦诚的。不答不行,答得轻描淡写、鸡毛蒜皮,也不是客观态度,难被考官认同。

七、提高质量在积累

考官们有个明显的感觉,就是那些平时注意学习积累的应试者,往往面试回答得出彩。公选面试就是要测验应试者对履行职务所需要的知识水平,平时知识积累不多,知识结构不完善,仅靠考前突击是远远不够的。没有平时的知识积累,面试答问往往理不出头绪,找不到理论依据,举不出合适的例证,说不出恰切的言辞,唯感肚里无货、心中无数、口里无话,可谓"书到用时方恨少"。大多面试题需要的不仅是要点、逻辑、语序,还应该采用一些很能说明问题的政策、新论、实例、数据、名言、典故等,这些东西在面试答问中,往往成为闪光点,起到金玉缀饰的作用,从而使面试成绩提高。这些东西必须是善于学习,长期积累才能有所储蓄,用时溢出,且恰如其分,给考官们一个"学识渊博"的好印象,成绩自然高上去。比如上述"运用权力"一题,有个应试者不仅能用上"权为民所用"的警句,还举出抗日将领吉鸿昌"做官即不许发财"的名言说明问题,比喻恰切,非常出彩。如果应试者能有以上听闻读记的知识积累的合理应用,那他面试的成绩会提高3~8分。所以,面试应答的质量得益于对各种知识坚持不懈的学习积累。

以上几点,看上去是老生常谈,实则是几个重要的环节,这些环节往往被应试者忽视,而使面试所答构不成一个完善的整体,从而造成不必要的失重、失误、失分。注意以上几个问题,在面试时加以借鉴或戒免,精益求精,好上加好,对取得好的成绩是非常有益的。

写在留学生选拔面试之后

××:

　　昨天和你通了电话以后,我考虑了一些问题,在此写出来和你交流。

　　我这里主要针对你参加面试过程的表现和你交流。第一,在这样的时刻一般人都会紧张,可你过于紧张出乎我的意料。平时我对你的教育过程中,力争大气一点的思路是比较突出的;这些年你锻炼得不少,而且你的有些经历是一般学生没有的,至少你做过多年班长吧。为什么你还紧张?我想,可能你把这件事看得太重了,从而产生了过大的压力,或者是我给你的压力过大了——我也是基于你的锻炼历程认为你不应该紧张,所以才给你施加了一些压力——主要是目标定得太明确了而且对你啰唆得多吧。另外,你事先是不是没有好好平稳心态?我还想提醒你在进入考场以前做几次深呼吸,后来考虑到你这些年锻炼得不少,一般不会出现紧张的现象,再说过于唠叨反而会分散你的精力,就没有这样做。出现这种现象,说明你以后在心态平和方面还要进一步加强锻炼。你想,一个在关键时刻紧张的人怎么能当机立断?怎么能稳定局面?怎么能堪当重任?第二,你在面试过程中陈述了自己的缺点——紧要关头容易紧张和平时做事有时候计划很好但是不能坚持。计划容易坚持难,这是一般人的通病,可也是成才的大忌。所以,我担心你由于事实上的紧张而又直白主动坦诚地谈了自己的弱点而落选。近期我还对有关人说,说话、做事过程中讲究策略是成熟的表现,讲究策略是为了处理好问题,只有成熟了才能协调好各种关系。

　　当然,这是我的一面之词,人家还有可能看出了你的诚实从而认识了你的可造之处,就冲这条就要录用你——以你的年龄、以你的学生身份,这是完全有可能的——如果是我,我真的会这样,你想,还有什么比能认识到自己的缺点而又实实在在地承认更可贵的?认识到又承认,一般说明本人想改正,用人者也可以为了帮助其改正弱点而有针对性地培养。事实上,面试答辩变数很多,尤其是我们对考官不了解,所以只能按照职业要求和人家提出的问题尽自己所能应答。我想,在关键时刻,心态平和是勇敢,如实答辩也是勇敢。

这几天我也思考了一些克服关键时刻紧张的方法。如果是自己事先知道的关键场合、关键时刻,那就要做好心理上的准备——如何才能不紧张?如果是突如其来的关键场合、关键时刻,那就首先提醒自己要冷静,然后考虑应对的办法。希望你注意锻炼,力争尽快克服这一弱点。

这件事已经完整地进行过了,你也确实尽了力。我的态度是:选上,说明你的水平、综合素质达到了要求;选不上,说明你在有关方面还有差距,还需要进一步努力。不论选上选不上,对你都是一次很好的锻炼——重在过程。至于你在选拔结束以后怎么对待过程与结果,我想,应该处理好舍与得的关系:事物都是一分为二的,同一个事物相对于同一个人,舍与得同时存在、相互辩证。具体到这件事,即使你选不上,如果通过参加这次选拔,能认识到自己的薄弱之处,在今后的学习、工作、生活中努力补上差距,那就为今后参加就业应聘之类的面试打下更加坚实的基础,这何尝不是收获?因为你现在才大二,今后参加选拔的机会还会很多。舍与得,需要大智慧才能悟到真谛。人生需要舍得,舍得丰富人生。

下一步你的任务:一是找有关领导、老师、同学表示感谢,感谢他们在准备过程中给你提供了帮助;二是总结自己在整个过程中的得与失,便于以后扬长避短;三是梳理一下因为参加此次选拔耽误的学习、工作以及有关事项,抓紧补上——恐怕这个过程要长一点,耽误的具体事项还好说,学习的补课就怕一时半会解决不了,所以要有耐心,力争在最短的时间补好课。四是要注意一边补课还不能误了正常的学习和工作,因此你还要付出一个阶段的艰辛努力。订好自己在放假以前的计划,并尽力去完成。这也是改正自己"不能坚持计划"这一缺点的锻炼机会。我还要提醒你的有:在预备党员的预备期内应当做好的一切都要注意做好,一定要及时转正;英语培训也要尽力而为;最后一条也是最重要的一条,在忙于学习、工作的过程中,一定要注意生活,注意身体健康。你在那里身体健康、生活顺利,我和你妈在家里才能放心。

爸爸

×年×月×日

书信七

成绩面前，高兴之余

××：

　　知道了你参加留学生选拔顺利通过的确切结论，我和你妈妈都由衷的高兴。这一成绩的取得，除了同学们包括你的学长们、老师们以及领导们的大力支持，也是你多年来努力的结果，尤其是上大学以来努力的结果，更尤其是这几个月全力以赴地准备、认真参加笔试和面试的结果。爸爸妈妈衷心地向你表示祝贺，因为这件事在你的人生历程中确实是可喜可贺的大事。我想你也会发自内心地高兴，这是可以理解的。

　　这项工作从开始报名到现在已经过了几个月了，我形象地把这次选拔叫作"人才选拔马拉松"。你可以从这项工作的过程中看出：一项大型的选拔活动，从开始准备到有结论，是很复杂的过程。我想，各个环节之间相对脱开一点也有好处，万一出现问题，也能留出回旋的余地，再说，这对参与选拔的人本身就是考验。以后你再遇到类似的事情心理上可能就踏实一些了——这也是收获之一。

　　在这样的时候，高兴之余，也要冷静对待，否则就容易骄傲自满。说起骄傲自满，我想起了郭沫若的《甲申三百年祭》。1644年，李自成率农民军攻占了北京，结束了明朝统治，但四十天后便退出北京，最后全军覆没。1944年3月19日，郭沫若写了《甲申三百年祭》，深刻剖析农民军的历史悲剧。延安整风时，毛主席要求全党同志重读这篇文章，目的是"引以为戒，不要重犯胜利时骄傲的错误"。中国共产党"进城"前，毛主席又告诫全党同志：我们决不做李自成，我们都要考个好成绩。毛主席在党的七届二中全会上做出的"两个务必——务必使同志们继续地保持谦虚、谨慎、不骄、不躁的作风，务必使同志们继续地保持艰苦奋斗的作风"的著名论述，反映出我们党强烈的"赶考"意识，正是这种意识，使我们党能做到居安思危，在胜利的时候始终保持清醒的头脑，发扬艰苦奋斗、谦虚谨慎的优良作风，从而始终保持旺盛的生命力。一个政党应该如此，一个人何尝不是如此。在这样的时候，我本想把这篇文章邮寄与你，让你好好读读，深入思考一下。但是文章太长，你又需要补课、工作，尤其是临近期末，要复习迎接考试了，考虑再三，还是大致说个梗概，等到假期再学习原文吧。

　　这个学期你为了迎接留学生选拔，恐怕影响了一些课程的学习，因此，目前当务之急是补上由于参加选拔影响的学习和工作，并且搞好新的课程的学习，而且要准备期末复习了。为了让你有更多的精力学习，此次寄信还是不再给你邮寄资料了。但是写两句话送给你，其实也供我们共勉：

　　人生道路漫长而曲折，只有那些守得住清贫、耐得住寂寞、挡得住诱惑、扛得住艰难的人，才能成得就事业，而且经得起历史的检验。

爸爸

×年×月×日

有智慧的选择

××:

　　我去你那里的那个周,因为要见面,所以没有给你写信,我从你那里回来那个周,因为觉得没有什么事情,所以也没有给你写信。两三周没有给你写信,也想让你心态平静,集中精力学习、工作、生活。

　　此次去信专门谈谈关于你想"卸任"班长一事,我经过思考,认为你"卸任"班长是明智的选择。你已经做了两年班长,在这样的位置上锻炼得也差不多了,再继续干基本也是熟门熟路,说实在话,提高的余地也不大了。下一年如果能有其他锻炼方式,对你素质的提高那是最理想的。更重要的是,其他同学也有需要锻炼而且也有想通过此途径来锻炼自己的,你"让出来"对他们也是机遇。从这件事来看,你处理问题时是大气的,我很高兴你能这样做,尤其是作为班长,能想到全班同学都应该得到锻炼这一点是应该的。我的想法是:你可以在这次放假前向有关领导和老师提出来,便于他们考虑候选人。我认为,对于你个人,最理想的结果是大三在国内上,不做班长了,预备党员按时转正,在其他方面再锻炼一下,为大四出国也做好准备。大四开始时出国学习,大四结束回国顺利就业。你看我的想法理想吗?但愿都能实现吧。

　　有感于你想"卸任"班长,让其他同学也有锻炼的机会,我摘录马克思《青年在选择职业时的考虑》中的一段话送给你,其实还是和你共勉——"在选择职业时,我们应该遵循的主要指针是人类的幸福和我们自身的完美。不应认为,这两种利益是敌对的,互相冲突的,一种利益必须消灭另一种的;人类的天性本来就是这样的:人们只有为同时代人的完美、为他们的幸福而工作,才能使自己也达到完美。如果一个人只为自己劳动,他也许能够成为著名学者、大哲人、卓越诗人,然而他永远不能够成为完美无疵的伟大人物。"

有感于你想"卸任"班长,我又想起李开复《给中国学生的第六封信:选择的智慧》。他在这封信的引言中说:"我觉得,对于青年学生来说,最重要的不是具体的准则或方法,而是在复杂情况下权衡各种影响因素,并以最为智慧的方式做出正确抉择的能力。我把这种能力称为'选择的智慧'。"他提出选择成功的智慧共有8种:用中庸拒绝极端;用理智分析情景;用务实发挥影响;用冷静掌控抉择;用自觉端正态度;用学习积累经验;用勇气放弃包袱;用真心追随智慧。你看,李开复老师的思想是多么成熟而又现实,难怪人们送给他"成功大师"的雅号。我把李开复老师对这8种智慧的"解释"附在信后给你,请你仔细阅读、认真体会、自觉借鉴。

这个学期你为了迎接留学生选拔,恐怕影响了一些课程的学习,所以一定要在复习过程中付出更多的代价,争取在各门功课的考试过程中都发挥出自己应有的水平。

爸爸

×年×月×日

●·· 附寄学习资料

给中国学生的第六封信:选择的智慧(节选)

李开复

(1)用中庸拒绝极端

"中庸"是儒家思想的精华,遗憾的是,许多人并不理解中庸真正的内涵。其实,中庸告诉我们的最重要的一点,就是要避免并拒绝极端和片面。

比如说,在我的第五封信中提出的积极主动,如果做到了极端,就变成了霸道,喜欢对别人颐指气使。在我的第二封信中提出与人相处最重要的同理心,如果做到了极端,就变成了盲从,什么事都没有主见。极端的自信就成了自傲,极端的勇气就成了愚勇,极端的胸怀就是懦弱,极端的自省就会变成自卑。

……

(2)用理智分析情景

中庸之道不但强调守诚中道,也要求我们择善而从。

在面临选择时,我们先用第一个智慧避免走向极端的陷阱,然后用第二个智慧在复杂、多变的环境中,审慎而冷静地选择最好的解决方案。

……

人生中的绝大多数选择都不是非黑即白、非此即彼的事情。大家要学会在最合适的时候对最合适的人用最合适的方法,要学会在做出决定前用理智全面衡量各种因素的利弊以及自己的能力和倾向。

（3）用务实发挥影响

选择完整与均衡时,你必须首先弄清楚,你面临的事情是你能够影响到的,还是你根本无力改变的。史蒂芬·柯维在其所著的《高效能人士的七个习惯》一书中,把所有值得关注的事情称为"关注圈",把能够发挥影响的事情称为"影响圈"。

在整个关注圈中,根据自主程度的高低,人生面临的问题可分为三类:

可直接影响的问题:对于这种问题,解决之道在于用正确的态度执行。这是我们绝对做得到的,也是最核心的"影响圈"。

可间接影响的问题:有赖改进发挥影响力的方法来加以解决,如借助人际关系、团队合作和沟通能力来解决。这是最值得我们努力争取的"影响圈"。

无能为力的问题:需要以平和的态度和胸怀,接纳这些问题。纵使有再多不满,也要泰然处之,如此才不至于让问题征服了我们。

事实上,碰到问题时,你只要耐心地将它分解开,看看哪些部分是你可以影响的,哪些部分是你可以关注但却无法影响的。然后,去努力争取那些可以"间接影响"的问题,让它们变成可"直接影响"的,同时把全部心力投入自己的影响圈——你可以在这样的过程中不断获得进步,这反过来又可以让你进一步扩大自己的影响圈。

所以,不管一个问题属于上述三种中的哪一种,解决问题的第一步都要从自己的影响圈开始:先影响自己,再影响别人,最后才有可能影响环境。

……

（4）用冷静掌控抉择

人生就是一场不断抉择的游戏,这其中最重要的是,我们要用冷静的态度掌控每一次抉择的全过程:

在抉择前"重重"思考,抉择后"轻轻"放下。

所谓"重重"思考,就是要培养客观的、精准的判断力。每一个重要的抉择可能都与你自己的前途密切相关,但你在抉择和判断时,一定要避免先入为主的思维定式,避免自己的主观倾向影响判断的精准和客观。

……

所谓"轻轻"放下,就是说我们在做出抉择后,应当坦然面对可能发生的任何结果,既不要因为抉择正确而欣喜若狂,也不要因为抉择失误而悔恨终生。

……

(5)用自觉端正态度

中国人常说:"人贵有自知之明"。这实际上是说,社会生活中的每个人都应当对自己的素质、潜能、特长、缺陷、经验等各种基本能力有一个清醒的认识,对自己在社会工作生活中可能扮演的角色有一个明确的定位。

心理学上把这种有自知之明的能力称为"自觉",这通常包括察觉自己的情绪对言行的影响,了解并正确评估自己的资质、能力与局限,相信自己的价值和能力等几个方面。

有自觉的人能够针对自己做出最具有智慧的选择,选择做自己能够胜任的工作,选择做能够得到满足感的工作等等。一个自觉的人,既不会对自己的能力判断过高,也不会轻易低估自己的潜能。对自己判断过高的人往往容易浮躁、冒进,不善于和他人合作,在事业遭到挫折时心理落差较大;低估了自己潜能的人,则会在工作中畏首畏尾、踟蹰不前,没有承担责任和肩负重担的勇气。

……

(6)用学习积累经验

西方有一则寓言,说的是一个年轻人向一个年长的智者请教智慧的秘诀。年轻人问:"智慧从哪里来?"智者说:"正确的选择。"年轻人又问:"正确的选择从哪里来?"智者说:"经验。"年轻人进一步追问:"经验从哪里来?"智者说:"错误的选择。"

这位智者的意思是说,每个人最初都很难做出正确的选择,但在一次又一次的错误选择中,如果能吸取足够的经验教训,他就能逐渐学会正确的选择方法,他也就自然成为一个有智慧的人。回顾我的一生,我可以很确信地说:我从失败中学习到的要远远超过我从成功中学习到的。所以,不要畏惧失败。每一个失败不是惩罚,而是一个学习的经验。

学习经验不是一蹴而就的事情,有时候要经历漫长的过程。英文中有一句名言:"旅途本身就是收获。"

……

（7）用勇气放弃包袱

当新的机会摆在面前的时候，敢于放弃已经获得的一切，这需要相当大的勇气。有时，你在还没有找到"新的机会"之前，就必须放弃你已经拥有的东西，那就需要更多的勇气了。

许多人都有的一个毛病就是不愿放弃已有的东西，不愿意开拓新的天地。其实，有些东西看起来值得珍惜，但这种眼前的利益往往是阻碍你获得更大成功的根源。当新的机会到来时，勇于放弃已经获得的东西并不是功亏一篑，更不是半途而废，这是为了谋求新的发展空间。如果你在适当的时候勇敢地——当然也应该是有智慧地——放弃已经拥有但可能成为前进障碍的东西，你多半会惊讶地发现：自己抛开的不过是一把虽能遮风挡雨，但又会阻碍视线的雨伞，自己因此而看到的却是无比广阔、无比壮丽的江山图景！

……

（8）用真心追随智慧

最后一个可以帮助你做出正确抉择的"智囊"就是你内心深处的价值观、理想和兴趣了。这三者共同构成了我们内心深处最为真实的声音。

如何找到自己的"真心"呢？在感到不知所措的时候，我会用一个特别的"报纸头条测试法"来检验自己的言行。所谓"报纸测试法"，就是在事后想一想：明天，如果在一份你的亲朋好友都会阅读的报纸上，你做的事被刊登为头条新闻，你会不会因此而感到羞愧？会不会无法面对自己的良心？如果不会，你做的事才对得起你自己的价值观。

……

大学生在 25 岁以前，通常都会面临两个重要的选择。一是选择最适合自己的专业，二是选择最适合自己的工作。选择专业时，不应当只听从父母的意见，也不应当只看学校的名气大小或报考该专业学生的分数高低。相应的，选择工作时也不能单纯地考虑名、利、时尚等外在因素。我想，最重要的还是要听从你内心的声音，在综合权衡自己的理想、学习积累、天赋以及工作条件的基础上，做出正确的抉择。

每个人的"真心""理想""兴趣"不同，每个人的机遇不同，参加的团队不同，学习的机会不同，擅长的"态度"或"行为"也不同。所以，你有选择的权利，只要用智慧做出正确的选择，你就能成为"最好的你自己"。

……

期末，期末

××：

前两天你给我发短信，告诉我大四出去学习的问题落实好了，到此为止，你的留学生选拔事宜总算有了明确而圆满的结论。

本学期每次给你写信，哪怕是已经觉得这件事差不多了的时候，我都不敢把话说得大了，因为在事关你的前途和命运的问题上，没有明确结论以前是不能有丝毫侥幸心理的。那样很容易松懈自己的努力，也会造成万一不成对内造成遗憾、对外闹出笑话的尴尬局面。

到目前为止，你今后两年的努力方向已经很明确了，如果从现在起就为了就业好好准备，你会顺利就业的，以后工作中你也会做出成绩的。你的老师说他相信你会努力的，因为从他对你的了解来看，你平时是很有上进心的。我更相信这一点。

昨天晚上，山东高考成绩公布了，我对你妈说，一年一度的高考，是几家欢乐几家忧的日子，看看那些高考不理想的学生尤其是比学生还操心的家长，我真的很希望我们选拔人才的机制能够早日改革得更加合理，选拔人才的途径能够更加宽阔和顺畅。可是，不论采用哪种渠道选拔人才，被选拔者都要有真才实学，否则，寄希望于其他都是不现实的。在前面的信中我说过，一样走进幼儿园，一样走进小学、初中、高中甚至大学的同学，毕业后慢慢地就有了差别，原因是什么？每个人机遇和能力不同，而且机遇留给有准备的人。所以从根本上来说，成功还要靠个人的努力。写到这里，我想起李开复《给中国学生的第六封信：选择的智慧》的结束语——"中国是了不起的国家，她即将成为世界上最大的市场和最大的人才中心。这里有无数的机遇在等着你们,只要你们用智慧主动选择,成功随时都有可能降临到你的身边!"那么,21世纪的中国需要哪几类人才呢?李开复在《给中国学生的第七封信:21世纪最需要的7种人才》中提出:"那些能够融会贯通、将创新与实践相结合、跨领域合作、具备 IQ + EQ + SQ 的综合素质、善于沟通与合作、选择自己热爱的工作、积极主动、乐观向上的人一定能拥有更加平坦、辉煌的成功之路。"他对融会贯通者、创新实践者、跨领域融合者、三商皆高者、沟通合作者、热爱工作者、积极乐观者这7种人才划定了具体标准:

融会贯通者:Hear and you forget; see and you remember; do and you understand。

创新实践者:What matters is not innovation, but useful innovation。

跨领域融合者:What matters most is not analysis, but synthesis。

三商皆高者:Your value is not what you possess, but what you contribute。

沟通合作者:The man who can think and does not know how to express what he thinks is at the level of him who cannot think。

热爱工作者:If you find a job you love, you will never work a day in your life。

积极乐观者:The glass is half full or half empty depending on whether you're pouring in or out。

我想,作为英语基础比较深厚、过了六级的人,你应该能比较轻松地翻译出这些句子了吧。为了能让你集中精力复习,本不想给你邮寄这点资料的,想等你放假回家和你共同学习。但是考虑到你在紧张的复习之余也要读读"业余"资料,再说,提前谋划暑假生活也有好处,所以还是把这份资料摘录后作为这封信的结束语给你邮寄去了。你先看看,暑假回来我们再一起深入阅读全文。

从你今天的短信中知道你大下周期末考试,复习的时间不多了,相信你会尽心尽力准备迎接期末考试,考出自己的最佳水平。

有事电话联系,暑假见。

爸爸

×年×月×日

推荐学习资料

[1] 中国青年报社. 影响当代中国青年的 100 句人生名言. 发现, 2007, (1).

[2] 奥斯特洛夫斯基. 钢铁是怎样炼成的. (有多家出版社的版本)

[3] 胡泽国. 应聘时如何写简历. 中国校企网, 2007-2-7.

[4] 张汉忠. 温总理的谈心艺术. 党员干部之友, 2007, (03).

[5] 叶圣陶. 认真学习语文. 语文教育论集. 北京: 教育科学出版社, 1980.

[6] 彭玮歆. 好习惯好命运. 北京: 中国纺织出版社, 2006.

[7] 李士谦. 面试求精举要. 党员干部之友, 2007, (02).

[8] 马克思. 青年在选择职业时的考虑. 马克思恩格斯全集, 第 1 卷. 北京: 人民出版社, 1995.

[9] 李开复. 给中国学生的第六封信: 选择的智慧. 与未来同行(李开复文集). 北京: 人民出版社, 2006.

[10] 李开复. 给中国学生的第七封信: 21 世纪需要的 7 种人才. 与未来同行(李开复文集). 北京: 人民出版社, 2006.

大三篇

大三上学期

××: 今年的暑假你
又提前返校了。
从我情上

书信一

好男儿志在高远

××：

今年的暑假你又提前返校了。

从感情上来讲，我希望你在家多住两天，你也想在家多住几天，但是，假期中有很多杂七杂八的事情耽误了你不少的学习时间。早去可以先适应一下，从心理上赶快回到学生生活中去。另外，你们的篮球训练、老师布置打印的单词卡片，都是很重要的任务。所以，你早回去要学习、进行篮球训练、打印词卡，任务很重。何况老师假期中已经和你联系了，为了打印词卡早回校，也是老师的要求。不要以为打印词卡这样的事情是小事而不重视，一个人的风格就是在许许多多这样的"小事"的处理中形成的，相信你会记住我常说的话：思想决定言行，言行决定习惯，习惯决定风格，风格决定命运。

你已经是大人了，而且大学也上了两年了，有些道理想必已经明白：过于儿女情长，那是不成器的心理素质（其实这也是我的缺点之一）。说起这方面的问题，我和你交流过，三国的刘备就犯过感情用事导致惨败的错误——他的结义兄弟关羽被东吴所杀，他意气用事，不顾一切去报仇，结果被人家火烧联营，从此一蹶不振。试想，在这样的关键时刻，如果他能保持清醒的头脑，以统一大业为最高理想，利用东吴主动请罪、联合的机会，和东吴齐心协力，那就有可能统一北方，就有可能腾出手来进而统一东吴。如此,才能真正为关羽"报仇",因为他们三兄弟最大的志向就是恢复汉家一统江山。可惜他毕竟有"凡人心态",关键时刻让"兄弟义气、儿女情长"占了上风,使得统一大业半途而废。

你去学校以后,在开学以前,除了学习、训练篮球、打印词卡,最好找机会和你的同学、老师、领导进行交流和汇报,包括上学期的得与失、本学期的设想、同学们对你的意见、老师和领导对你的希望及要求等。

本学期,关于你的专业学习自不必说。我最担心的就是你会出现自满现象,放松对自己的要求。假期中我们不是探讨过李自成的教训了吗?他的农民军还没有平定天下就开始享受了,最后使得革命夭折,这是多么可惜。我送给你的《甲申三百年祭》,一定要保存好而且时常拿出来看看,提醒自己时刻保持清醒的头脑。其实大三时期在很多方面你都要注意——应当做的事情要比以前做得更好,容易产生消极影响的事情一定不能做。从一定意义上讲,大三一年是你国内大学生活最后的阶段,因为大四你就要出国学习了,从这个角度讲,你的大三也是为大四出国学习进一步奠定基础的一年。另外,党员的按时转正是一项必须认真完成的政治任务。从这两个角度看,大三一年中,知识的积累和综合素质的提高仍然是你的主要任务。其实,作为一般大学生,因为大四要为了考研、就业等忙碌,所以大三也基本是有学生生活规律的大学生活的最后一个阶段,也是需要倍加珍惜的。

你打算做一些兼职以锻炼自己,我不反对,但是一定要处理好学生生活和兼职的关系。兼职,顾名思义是业余的,而且不能把赚钱作为兼职的目的,起码不能作为第一目的!我为什么不提倡你个人为了经济收入而去做一些兼职?怕的是你形成注重个人经济利益而忽略了其他方面影响的处理问题的思维方式。一个把个人利益、经济利益作为第一甚至唯一目标的人,在人生道路上很难走得更远、更高,我们绝对不能做这样的人。你一定要理解爸爸的良苦用心。其实爸爸说得再多,也只能起到提醒作用,最重要的还是靠你自己把握好自己,对吗?我也相信你能把握好自己。

2007年9月4日,《人民日报》上刊载了温家宝总理的一首诗《仰望星空》,题记中提及温家宝总理在同济大学演讲的一段话:"一个民族有一些关注天空的人,他们才有希望;一个民族只是关心脚下的事情,那是没有未来的。我们的民族是大有希望的民族!我希望同学们经常地仰望天空,学会做人,学会思考,学会知识和技能,做一个关心世界和国家命运的人。"这首诗深情地写道:"我仰望星空,它是那样寥廓而深邃;那无穷的真理,让我苦苦地求索、追随。我仰望星空,它是那样庄严而圣洁;那凛然的正义,让我充满热爱、感到敬畏。我仰望星空,它是那样自由而宁静;那博大的胸怀,让我的心灵栖息、依偎。我仰望星空,它是那样壮丽而光辉;那永恒的炽热,让我心中燃起希望的烈焰、响起春雷。"我读了题记和诗文以后很有感触,觉得温总理的话对你们青年学生既有寄托又有鞭策,所以在这里将原文抄给你,也算是我送给你的新学期寄语。

按照计划,本学期我给你邮寄《孟子》有关资料督促你学习传统文化,因为篇幅太长,仍然按照上、下学期分两次给你布置学习任务。说起《孟子》,我记得以前给你写信,我评价自己能做到"己所不欲,勿施于人",但是做不到"老吾老以及人之老,幼吾幼以及人之幼",后面这句话,就出自《孟子》。深入体会这句话,对古人道德修养方面的标准可见一斑。

爸爸

×年×月×日

●●··· 附寄学习资料

经典阅读——《孟子》(之一)

一、《孟子》篇章结构及其思想概括

《孟子》是孟子于晚年与其弟子万章、公孙丑等人共同编纂的,包括《梁惠王》上、下,《公孙丑》上、下,《滕文公》上、下,《离娄》,《万章》上、下,《告子》上、下,《尽心》上、下。《孟子》发展了《论语》的语录体,从以单人语录为主发展到以对话体为主,比单人语录把论题阐发得更加具体深入。南宋时,朱熹将《孟子》与《论语》《大学》《中庸》合在一起称"四书"。

《孟子》一书集中地体现了孟子的政治思想、哲学思想和教育思想。

1. 心性论说

第一,性善与四端——道德价值的根源。孟子的"性善说",主要发挥孔子"仁"的观念。孔子中的"仁"缺乏了理论基础及尚未解释"道德价值根源"的问题。因此,孔子要建立"道德价值根源之自觉心",认为善是人的基本自觉,这种自觉表现为恻隐、羞恶、辞让及是非"四端"。"四端"说明道德价值的自觉,是与生俱来的。这便能补充孔子"仁"学理论的不足。

第二，义利之辨——道德价值的论证。孟子认为"四端"是内在于自觉心的，属于人的"本质"，即所谓人的"性"。人之性，必有异于禽兽之处，这种"异于禽兽"的性，便是"善端"。他指出，人之所以不善，是由于受私欲蒙蔽。因此，人应放弃私利，以达到社会的公义。目的是建立良好的个人道德观。

第三，养气与成德。孟子提出必须靠修养及发挥善性的功夫，以全力扩充存于内心的"四端"，孟子称之为"尽性"。"尽性"的修养，培养出浩然之气，使人成为"富贵不能淫，贫贱不能移，威武不能屈"的"大丈夫"，再以"心志统气"，控制自己的情感，便能成德。

第四，道德天。孟子认为现实世界是道德的世界，而道德根源背后的标准，便是"天"，"天"表现于人，便是"性"。人若能有足够修养，便能知天，达致"天人合一"。

2. 政治论说

第一，民本说。孟子指出"民为贵，社稷次之，君为轻"，认为政府要保障人民的利益，君主应以爱护人民为先决条件。因此，天命在于民心而不在于君主。若君主无道，人民便可推翻他；但若君主有道，人民便应谨守岗位。

第二，法先王。孟子主张行仁政，必须效法先王（禹、汤、文、武、成王、周公）的王道统治政治，这样便能把仁政施行于天下。

第三，仁政与王道。孟子主张施行仁政，必须先有仁心，然后方推行仁政。孟子认为"人有不忍之心"，乃有"不忍人之政"，仁政，是统一天下者必具备的条件。而仁政的具体表现，就是给人民、百姓安乐的王道，要实行王道，又要"尊贤使能"。

第四，德治观念。孔子论"仁"，是自觉的道德；孟子的"仁"，则兼具教化的功能。君主应培养出德性，这是施行仁政的条件，故主张"有德者执政"。孟子提倡以德服人的仁政，反对武力服人的霸政，目的在于减轻民生痛苦，缓和社会矛盾，故孟子主张"王道政治"，反对霸力服人。

第五，恢复井田制度。孟子认为理想的经济制度是"井田制度"。"井田制度"即土地为国家公有，国家授田人民耕种，但人民亦要助耕公田，当作纳税，因此，农民便有"恒产"（恒常固定的田产），国家自会安定。

3. 教育主张

孟子认为要"得天下英才而教育之"，提倡人格和道德教育，而且，孟子认为修养是求学的基点，但又认为人善性，是无法从外在培养的（教育只可起感化作用），最终都要凭自己的思考来达到。修身方法上，主张自由发展，因势利导。此外，孟子也十分重视学习环境，置学子于优良环境中，施以自发的教育，方能成功。

二、孟子学说对后世的影响

第一，启发宋明理学。孟子提出"内圣之学"，指出人的天性是善良，只要每人扩充善性，压抑物欲之性，自身反省。这种内省的修养方法，成为后世儒家思想的主流。程颢、程颐、陆九渊、王阳明等宋明理学家，都继承了孟子这方面的学说。

第二，形成"道统"观念。孟子时，更把尧、舜、禹、禼、文王、武王、周公、孔子等，视为儒家的"道统"（一脉相承的知识系统）。从此，儒家的道统观念与儒家思想之间，成为不可分割的整体。

第三，民本思想的影响。孟子的民本思想，行仁政的主张，一切以民心向背为标准。这套革命理论成为中国传统政治理论的创见，成为统治制度中抑制君权的合理性渊源。孟子"为民制产"的主张更成为历代经济制度的最高理想，如隋唐的均田制。

我对大学生谈恋爱的看法

××：

昨天给你发邮件说，幸亏你早走了，因为从你走后就下雨，而且一直下到你们正式开学的日子。其实你走后你妈妈当天晚上就感冒了，也一直到雨停才好利索。我想，你妈妈的感冒一是因为我们那两天回老家累的；二是你在家那些天她又要干活，又要照顾你；三是你走以后她有失落感。如此种种，导致她抵抗力下降。你走的那天，车站工作人员没让我们进站送你，你妈又到售票厅看着你检了票进去才回来，这就是俗话说的"儿行千里母担忧"。我多次说过，孩子已经不用父母过分操心了，可是父母们往往"不由人"。但是，父母对成年的孩子毕竟不能在所有方面都仍然当孩子对待，对于像你这样综合素质比较高的学生，其实我不用怎么"管"，至于平时我给你写信和假期我们的谈话，主要是交流，而且很多都是"平起平坐"的交流。正是基于这些观点，假期中我以对待成年人的态度对你谈了一些处理和女生关系的问题。

从理论上和一般大学生的观点来看，大学期间的校园恋爱本身是一件非常美好的事情，这个阶段的感情没有掺杂物质因素，仅仅是对人本身品位和精神的互相爱慕，起点往往单纯，在"市场经济"的大背景下，尤其显得珍贵。所以才会有越来越多的人去珍视它、怀念它。社会上的人，找对象往往最先问起的是工作、房子、车子、家庭背景，爱情好像就是一场"交易"。大学期间的校园恋爱，虽然最终结出果实的比例不是很大，许多恋爱最终就是"竹篮打水"，但它留在记忆里，就是对青春的美好祭奠。说到恋爱对学习和事业的"耽误"，也是不一而论，关键在于自己的把握和掌控能力。只要处理好了，就会并行不悖，进而相互促进。当然，这只是理想状态下,年轻人难免会有处理不好的时候,而且比例不在少数,但是从理论上讲,这也是一种成长的过程。

就现实情况来看,现在的学生普遍成熟得早,社会上对校园恋爱的态度也比以前宽容得多了。

从传统观念尤其是我个人的观点来看:即使是上大学,即使是成年人,我也不主张考虑"个人问题"。第一,学生的主要任务就是学习,大学生的学习其实范围更广、任务更重,应当用的精力更多。如果把很多的精力用在考虑"个人问题"上,是很容易影响自己的"学业"的。处理好的,能促进自己进步的,又有多少呢?家长花费那么多的代价,学生在校却谈情说爱、荒废学业,用老百姓的话说这样的学生就是"丧良心"。我看到那些男女生一起出去吃饭,而且大手大脚,心里就想:父母在家里省吃俭用,把钱给了孩子,可惜他们没有用到促使自己积极成长的紧要处。说真的,我一看见这些心里就不好受,甚至想,家长是多么可怜,孩子是多么可气。第二,学生期间的所谓恋爱,最后是很难成功的,也就是热乎一阵子。既然不成功,而且花了很大精力甚至财力,那真的是得不偿失了。更有甚者,由于自己处理得不好,不仅不成功,而且搞得沸沸扬扬,以后很容易传到工作单位去,对男女双方都可能产生消极的影响。第三,有的学生的"恋爱"最后是成功了,可是由于学生时代毕竟不成熟,当时的观点和到了社会上的观点发生了很大变化,可是后悔晚了,所以也导致出现后遗症。第四,至于那些把大学里谈恋爱当成一种经历,看成长见识、也是学习的观点,我本人很不赞成,觉得那样做是没有长远打算,是不负责任,甚至有点亵渎爱情的感觉。

如果大学生活过程中"缘分"到了,一定要谈恋爱,我想,那就应该有长久的打算和负责任的态度,而且把恋爱过程谈成对双方相互促进的过程。至于取舍标准,第一位的应该是道德水准和为人处事的风格;其次,对方起码应该有立足社会即所谓生存的能力——这里我不好说要求对方将来能成就一番事业。

对你个人而言,我认为你应当注意:第一,因为你已经明确了工作方向,下一步的任务就是为了顺利就业好好努力,为了给以后做好自己的工作打下坚实的基础好好努力。第二,你现在年龄还不大,甚至在同学中也都算小的,毕业以后甚至工作有点基础以后再涉及这方面的问题也不晚。如果你现在就这样做,在老一辈人眼里可能就是所谓的"没出息"。爸爸在社会上这么多年,社会上的人尤其是比你们老一辈的人对这方面问题的观点我是了解的。第三,男女生交往的原则是正常交往、公开交往。具体地说,思想、学习、工作的交流是应该的,生活上的关心也可以理解。但是,既不能招摇过市,也不能和对方走得太近,经济上、感情上都应如此,否则就不理智、不明智了。

我担心的是,你涉足了"个人问题",但处理不好,会成为今后的负担。你现在还不理解一个人承担太多的思想和生存的压力是多么影响自己的职业甚至是事业的发展。不能集中精力从事自己的工作,甚至为了生存而奔波,还怎么谈得上事业、成就!

爸爸把你看成成年人和你谈心,相信你会好好思考爸爸这些话,也相信你会处理得成熟,因为只有在这些事上处理好,而且不花费很多心思,才能拿出更多的精力用在学业上,用在工作上,为以后奠定坚实的基础。

爸爸

×年×月×日

学习，学习，再学习

××：

昨天你在电话里告诉我，又有一批人来你们学校学习，而且你作为他们和学校之间的联络员，同时也作为他们生活上的服务员、学习上的辅导员。这样的工作你已经做过，我也提醒过你一些应该注意的问题。这次，你又有了一次学习、锻炼的机会——和他们交流的过程，也是你外语水平提高的过程，而且你利用这样的机会可以多向他们了解他们国家的文化、历史、习俗，为你大四去他们国家学习奠定基础，便于你明年去了尽快适应。另外，你除了在生活上尽可能地为他们提供帮助，体现我们的热情友好外，还要注意必要的时候及时向老师、领导汇报，解决好有关问题，因为解决问题的过程也可以得到很好的锻炼。总的看，虽然没有收入，但是我仍然觉得比自己去找兼职要好。

说起学习的问题，我又想起老生常谈这一成语。这次我主要提醒你两个方面：

一是写作方面的问题。学文科的人，写作是重要任务，可惜大部分人都懒于动笔（学理科的人因为要做题恐怕不得不动笔）。为什么很多人说得头头是道，可是坐下来写东西却半天憋不出几个字？对于学文科的人，业务方面的外在表现主要有两种基本功，用土话讲就是"嘴头子"和"笔杆子"。我想，如果能做到听得懂、说得清、写得明，那么你的文科功底从面上看也就算是过关了。到了现在，你的听力已经可以了，一定要特别注意后两个方面。尤其是写，更尤其是写外语文稿。一定要克服"君子动口不动手"的问题。爸爸说了这么多，无非就是希望你勤于动笔，哪怕是经常写写读后感、日记一类的准文章，对提高自己的写作水平也是很有帮助的。针对你个人来说，还要在写作的过程中注意练字。过去我多次说过,练字不仅能够提高自己的写字水平,还能修身养性。一举两得,何乐而不为?

二是除了学好专业课以外,一定要好好学习英语。我再次专门向你提出学习英语的问题,就是想引起你持之以恒的重视。我想,你自己也很明白,这是意志的问题——不开这门课了,完全靠自己学,那是需要很大的毅力的。一般学生在没有压力的情况下很难做到持之以恒地学习。因此,你可以报名参加英语考试,强迫自己学习,或者报一种培训班。报培训班若需要学费,我会全力支持。我一贯的观点你很了解——应该花的钱,花多少都要花。另外,你还可以多参加一些用英语交流的活动。总之,你一定要坚持制订学习英语的计划并确实付诸实施,为将来更好地做好工作打牢基础。

随信寄去外交学院吴建民院长在山东大学做的报告文稿一份,供你学习。你看了以后是否能体会到:现场做这样一篇长篇报告,需要多么深厚的职业积累,多么高的写作水平,多么强的表达能力。所以,希望你理解并接受我的建议,注重在平时的积累中不断提高自己的专业水平和综合素质。

爸爸

×年×月×日

写在双喜临门的日子里

××：

国庆节到了，你们的支部大会又通过了你的预备党员转正，这对你、对我们家来说，都可谓双喜临门。

为庆祝国庆节，各大媒体都把党领导人民建立中华人民共和国的历程、新中国成立后尤其是改革开放几十年中华人民共和国的发展历程作为宣传、报道的重点。其实，暑假期间我们就打算去井冈山、延安的。按正统的说法，就是对你进行革命传统教育；按我的说法，发扬革命传统是永远不过时的。可是由于时间问题，加上由此带来的经济负担，最后没有成行。在你参加工作以前，我还是打算找机会和你一起去看看，现在中央在井冈山、延安、浦东都建立了干部培训学院，而且是中、高级干部培训的地方。如果能到井冈山、延安、上海去用心看一看，对中国革命和建设尤其是改革开放的历史就会有真切、系统的感受。

我个人除了参加有组织的学习、讨论外，还特别关注了关于改革开放方面的内容。具体地说，我在网上看了一部中央电视台 2006 年拍摄的电视专题片《大国崛起》，大致读了北京大学出版社出版的著名国情问题专家胡鞍钢教授的专著《中国崛起之路》。《大国崛起》以历史的眼光和全球化、多样化的视野，描述了自 15 世纪开始 500 年的时间里，资本主义世界九个主要国家的崛起过程，分别是葡萄牙、西班牙、荷兰、英国、法国、德国、俄国、日本、美国。它基本涵盖了各国历史的重大事件以及对其发展产生重大影响的政策，从政治、经济、思想、宗教、艺术、军事、外交等多个角度总结大国崛起的规律，探究其兴盛背后的原因，分析其兴衰的成败得失。《中国崛起之路》一书分析了中国崛起的理论背景，提出了国家发展生命周期的概念，通过对国家生命周期的历史分析，提出中国国家发展生命周期的四个阶段；探讨了中国崛起的经济基础、社会基础、政治基础以及国际背景，从多个角度说明了中国的发展机遇，也论述了中国面临的各类挑战；以理性、宏观的理论视角来审视中国的崛起之路，阐述了中国崛起之路和现代化之路——绿色崛起与绿色发展、创新崛起与创新发展、和谐崛起与和谐发展、和平崛起与和平发展、合作崛起与合作发展。

以上也是我的学习体会的一部分，另外，我个人认为，具体到我们国家，把"崛起"改为"复兴"是不是更贴切一些？因为我们有过崛起的时代，比如"盛唐"。我想得最多的就是，在改革开放的年代成长起来的你们这一代人，应该如何做才能把自己融入改革开放的时代潮流中并且做出应有的成绩。我希望你注意收集、学习有关讨论改革开放方面的资料，比如我推荐的这本书。在学习的过程中自己也不断思考，通过学习和思考，把自己的前途与党和国家的命运紧密结合起来，在国家发展、民族复兴的时代潮流中不断成长——这是最快捷、最长久，也是最大气的成才之路。

过去我们交流过，像我们这样从基层成长起来的人，是付出了很多的努力的，俗话说"不容易"，所以一定要珍惜机遇，倍加努力地学习和工作。我们还交流过，只要你做出成绩，国家、社会一定会回报你的，那种认为市场经济条件下做事要先看回报的观点绝对是片面的，甚至是错误的。国庆节期间，我给你写信，想说的多一些——其实，我衷心希望所有的年轻人都进步。和你个人这样说，算不上唱高调，因为一代年轻人的进步，才能推动国家、社会发展得更快，单靠少数人的努力，难以推动国家、社会又快又好地发展。

预备党员转正是你人生政治生活中的大事。今后你就是一名正式党员了，要比预备党员时期更严格地要求自己，思考问题、说话、做事层次都要更高一些，目标都要更远一些。你成为预备党员的日子是去年9月26日，这次转正的具体时间——支部大会通过的日期，也要好好记住，党龄就从你转正的日期算起。每年的这一天，可以重新学习一下入党誓词，总结一下自己一年来作为一名党员从思想、言行方面做得如何，便于自己有针对性地不断修正、不断提高。另外，作为一名党员，你以后一定要注意更加关心党的建设、发展，比如平时多注意党的路线、方针、政策的学习，多留意党和国家的时事政治。此次寄去《党员干部之友》杂志一本，这是供党员干部学习的专刊，你看看和其他类"之友"有什么不同？你一定要时刻铭记我所说的：自己的命运是和党、国家的命运紧紧联系在一起的。事实上,真正有所成就的人都是把握了历史的脉搏并且把自己融入历史的进程中去的人。

　　说这些都是在讲道理,要实现理想还是要从具体的工作做起,用我的话说叫大处着眼(制定目标、树立理想)、小处着手(为了实现理想而脚踏实地去做)。本周我和你老师通了电话,当我问起你近期的情况时,她在评价你还不错的同时给我提了一条建议,年轻人要想不断进步,一定要注意不断检查自己的思想、言论、行动,保证在健康的道路上前进。古人说"吾日三省吾身",是指一天中早、中、晚三次检讨自己。其实,在想、说、做任何事情以前都要"省"。只有这样,才能保证自己在健康的道路上前进。我很赞成老师的观点,而且也多次和你交流过这样的观点——不断总结,不断改进,才能不断进步。只是我的水平没有你老师高,我的要求没有你老师严格。老师还提到,即使是大学生的家长也仍然要注意教育的问题,由此我更加认识到家长的责任。当然,对你来说,我和你妈妈都是很放心的,平时写信也好,打电话也好,发短信也好,你回家我们当面谈话也好,其实大多数也是相互交流,如果上升到教育,那么在教育你的同时我们也教育了自己。

　　有感于国庆节,有感于你预备党员转正,写了不少,当然仍然是相互交流,而且大多是和你交流我的思想。过了国庆节假期,我可能顺便去你那里一次,爸爸希望去的时候,你的领导、老师对你的评价是继续进步的,你的同学们对你的评价是积极的。当然,更希望你对自己是满意的。

爸爸

×年×月×日

关于家长和学生相互写信

××：

我逐渐减少给你写信的次数，除了以前说过的一些原因，诸如你是成年人了，又是党员，锻炼得也不少，综合素质也不低等，本学期我还考虑，明年你就要出国，在国内这一年只有独立地处理好一些问题才能在出去以后更快地适应、更好地发展。

我原来以为像我这样比较经常地和你保持联系的家长不多，其实不然，经过近期了解，就我身边的人来看，就有常常给在外上学和工作的孩子写信的家长，从大处看，我本周看了 2007 年 08 期《党员干部之友》杂志，其中有一篇吕爱凤介绍新任卫生部长成长经历的文章《陈竺：从"赤脚医生"到卫生部长》，有一段文字深深地打动了我——"1970 年，陈竺来到江西省信丰县小江公社山香大队的老圳头生产队，开始了 6 年的知青生活。当地农民回忆说，每天收工后，陈竺常点着煤油灯看父母寄来的医学书到深夜。第二天天还不亮，他又起床赶在出工前读英语。父亲陈家伦每月用 1 元钱买 1 本英文版的《中国建设》寄给陈竺，要知道那时一个月的生活费也就七八元钱。陈竺把有关医学的报道翻译出来寄给父亲。父亲寄回的文章圈圈点点，修改得十分详细。6 年的'函授教育'，使陈竺打下了扎实的英语和医学基础。"你看，人家的家长在孩子身上付出了多大的"代价"，你看人家家长的水平，具体到能给孩子远距离改作业，而我，只能就做人方面给你以指导，最多也就是和你交流学习方法。再者，人家可是父子相互通信交流，而我们的通信，都是我给你写信（当然，我给你写信其实也是我本人思想、水平不断提高的过程），其实我忽略了一种做法，也就是没有让你给我回信谈谈你的一些想法、做法。所以，自从这次收到我的信以后，本学期你也给我写回信吧。当然，由于你比我忙，所以不能要求你经常写，但是你除了大问题专题写信和我交流外，一般情况下一个月给我写一次信总可以吧，所以本学期我们就这样定——大问题专题写信和我交流，除此以外一个月给我写一次信，我要求你和我一样用笔写，而不能用电脑打印。最近的一封——到十一月时你就把十月的情况写信邮寄给我。这是任务，不能以任何理由推脱！

　　说起从理论高度分析问题并写成文字资料的意义，我看了上次给你邮寄的关于某罪犯犯罪危害分析的资料以后就很有感触，其实作者讲的平时我们都谈过，而且我们劝人的时候常说他文章中的道理。比如，我们劝有的人不要胡作非为，就说你这样做，有没有想一想给本人、给家庭、给他人、给社会带来多大的损失？到了作者的文章里就成了社会责任感缺失，这就上升到理论的高度了，可我们是没有加以总结，没有从理论角度分析归纳，更没有落实成文字的东西，我们的认识就很难有提高。你要明白爸爸让你给我写信的用意——好好锻炼自己扎扎实实写作的耐心、深入分析和归纳总结的能力，从而像我过去所说的那样，不断提高、不断进步。我说过，我和你交流，我的写作和做人的水平也是在进步的，因为我也在自我教育。

　　上次电话里说了学习英语的事，我完全赞成你报名参加学习班。

爸爸

×年×月×日

关心政治是追求进步的表现

××：

　　为了落实我说过的逐渐减少给你写信次数的计划，这几周我就没给你寄信。到今天为止，党的第十七次全国人民代表大会的资料差不多来齐了，加上我也收到了你的来信，所以今天一并给你回信。

　　十七大是在你党员转正以后召开的第一次党的最高级别的会议，所以你要重视学习会议精神。我估计你们支部一定会组织学习。我总结了一下，主要应学习十七大报告、十七届一中全会公报、党章修正案。关于十七大报告，除了学习原文，对于摘要、关键词、新提法等重点内容，我们组织通学了一遍，然后我又自学，以求加深理解。我在自学的时候，除了题目——《高举中国特色社会主义伟大旗帜，为夺取全面建设小康社会新胜利而奋斗》，还对报告摘要有意识地加以记忆，其中主要是十二个标题。我的做法主要是读完具体内容以后归纳了各部分内容的主题，然后加以记忆。我觉得这样记忆速度快而且很牢固，现在凭我的记忆把各部分的主题内容写给你：第一部分是回顾过去五年的成绩；第二部分是总结取得成绩的原因；第三部分是下一步发展的指导思想（科学发展观）；第四部分是下一步发展目标；从第五部分开始到第十一部分是具体目标（五是经济目标；六是政治目标；七是文化目标；八是社会公益事业建设目标；九是国防和军队建设；十是祖国统一；十一是外交）；最后，第十二部分是党的建设。我想，之所以我能够比较快地理顺体系、归纳出主题内容，除了讲究方式方法，主要还得益于平时还算关心社会、关心政治以及社会经验、生活阅历还有写作的积累吧。据我了解，你平时在学习、工作、生活中也是关心社会、关心政治的，这从我们的交流中能体会到。你能这样做，我感到很欣慰。只有这样，才能把个人前途与党和国家的命运更加紧密地结合起来。

我建议你在学习十七大报告的时候，除了通读、理解、对重点内容加以记忆外，最好做做读书笔记，把重点内容做好摘录、汇总，把自己的学习体会记下来。

说起做读书笔记，想起你的来信，我看了以后也有所感想。一是你思想的成熟印证了我"逐渐减少给你写信的次数"的计划的正确性。为了遵守逐渐减少给你写信次数的诺言，我以后会按照"无事不写信，小事少写信，大事才写信"的原则去做。我多次说过，其实爸爸妈妈都是相信你的能力的，之所以写信，很大程度上也是和你交流我的思想和言行，教育你的同时也是教育我自己。二是让你写信也是让你不断总结、不断提高，包括提高写作能力和写字的水平。我以前说过，有些人说得头头是道，可是写的时候半天写不出东西来，原因之一就是缺乏写作锻炼。另外，写材料还能锻炼人认真的态度。例如这次写信，由于不细心，有一个地方十七大成了"十一大"了，我的习惯是写完以后至少读一遍，结果发现了错误。我检讨了自己：这是很不严肃的做法。大脑潜意识中认为这样的内容还能出错？可见"错误往往是由于过于自信造成的"这句话一点也不假。两次信之间隔一个月左右就可以，你说了下一次写的字要有所改观，我期望着这种结果。

现在十七大报告原文和党章都发行了，估计你们学校会发给党员，也一定会组织你们学习十七大报告等有关材料，你要注意认真学习并好好保存发的资料，便于今后学习和作为纪念。我看有些人不注意保存资料，甚至学的课本用完就扔或者作为废品处理，这不是好习惯。有句话叫作"书到用时方恨少"，这是那些读书少、知识贫乏的人在用到知识时的感触。借用这句话来说——没有保存资料习惯的人，是会遇到"书到用时找不到"的困境的。

上学年评估结果应该出来了吧？

爸爸
×年×月×日

如何对待奖学金

××：

昨天晚上接到你的电话，知道你今年在学校考评中的总评名次比上学年又有进步，而且很突出，还获得了国家奖学金，我和你妈都很高兴。我说过的，综合评估是对你过去的综合评价，能让你针对评估的定量和定性的结论找到自己的长处和短处，便于找到以后努力的方向，发扬优点、克服缺点、继续进步。至于奖学金，那是对你综合评估成绩的表彰奖励，我多次说过，在学生时代绝对不能为了钱而去学习和工作，事实上你也不是这样的学生。

你的成绩的获得，除了源于自己的努力，也离不开老师的教育和同学们的支持——这也是我一贯的观点。如果结论公布了，要向老师们、同学们表示感谢，当然我说的感谢不是把奖学金都分了、吃了，重要的是你应该有感恩和感谢的态度。

我在电话里问你打算怎么消费这笔数量还不算很小的奖学金，你提出第一想法就是向诸如希望工程、慈善基金等捐款，而且决定捐款的数额至少为 1 000 元。记得在你大学一年级我写给你的信中就提出"一个人对钱的态度往往决定他一生的走向"。我和你妈妈知道了你的想法都感到很欣慰，从内心深处觉得这些年对你的教育和熏陶效果很理想。我有一个建议供你参考：打听一下奥运会是否接收你们学生的捐款，只要接收，你按照自己的意愿捐就是了。百年奥运，在我们国家第一次举行，所以这样的捐款以后很难有机会，所以很有意义。

这个学期就要出国留学的同学应该准备走了吧，你要积极协助他们做好出国前的准备工作，热情为他们送行。

注意完成十一月份给家里寄信的任务。

爸爸

×年×月×日

又到期末

××:

　　你在电话里提到考试的问题,这真的是老生常谈但是又必须始终重视的问题。正像你说的那样,前一阶段由于你们同学要出去学习,你帮着他们办手续、做准备工作,加上不安心等其他因素,影响了学习。这样看来,就要在下一步多用用功夫,费费心思,把耽误的学习补上。这样的问题我过去多次说过,以后一定注意不能被一些日常的事务性工作哪怕是比较大的事务性工作冲淡了学习,如果实在是必须耽误学习时间,那就要少休息、补回来,不然的话,日积月累的耽误就会使得自己退步,这是绝对不允许的。至于不安心,说起来是人之常情,同学们要走了嘛,而且像你这种情况,他们回来你又要出去,恐怕要到毕业才能全班聚齐,更是可以理解,所以我也不好说什么。只是提醒你,年轻人,要为了未来而努力,学业、事业第一,聚、散也是正常的。你们还年轻,以后的日子还很长,相聚的机会还很多。好好努力,大家都有成绩,相聚会更有意义。

　　下一步,不仅仅是你自己,而且要注意团结同学们抓紧稳定心态,把精力尽快转到学习和工作上来。据我了解,你们同学都是很优秀的,人数少了,更会加强团结,把班集体搞得更好。你要更加严格要求自己,时时、处处、事事都起到模范带头作用。像我过去说过的那样,应该做的事情一定尽心尽力做好,模棱两可、打擦边球的事情就不要去做,明确不能做的更要严格禁止。老话再次重提,提醒你做有心人,防患于未然。

　　我本来打算下周五去你那里的,所以这两周也就没有给你写信。从昨天晚上你在电话里说的情况看,我要到十二月底才能去了。也好,那时你出国学习的同学已经走了，如果学校又允许的话，我去的时候到你的宿舍住就行了——一是我住到你的宿舍我们交流更方便；二是我也想找找上学的感觉。

　　按照我们的约定，一般地，我去以前就不再给你写信"打扰"你了，有事电话联系。天冷了，注意预防感冒，除了吃饭注意平时吃饱、个别改善以外，应该买的衣服也要注意买，不能感到冷但是又穷凑乎，须知：影响了身体健康就是影响了学习和工作。

爸爸

×年×月×日

推荐学习资料

[1] 温家宝. 仰望星空. 人民日报, 2007-9-4.

[2] 大国崛起. 中央电视台拍摄, 2006.

[3] 胡鞍钢. 中国崛起之路. 北京:北京大学出版社, 2007.

[4] 吕爱凤. 陈竺:从"赤脚医生"到卫生部长. 党员干部之友. 2007,(08).

谈谈独立精神和独立能力

××：

我遵守少给你写信的诺言，不在你刚走以后就给你去信，所以等到今天才动笔。

这个寒假，感到时间安排得还可以，因为你是"小年"以前回来的，元宵节走的。上大学以来，你这次算是在家过了一个完整的春节。爸爸妈妈觉得我们全家能在一起过一个完整的春节不容易，所以很珍惜。假期里，我不再像过去那样拿出很多时间陪你了，这你也看出来了。因为你已经是大人了，我希望你能尽快地、更好地自立。你也说过，独立精神和独立能力是现代人立足社会的基础，只有能独立自主地处理好生活、学习、工作中的各种问题，大四到了国外才能很快适应，毕业后走向社会才能独当一面。为了多给你提供独立锻炼的机会，我本学期要继续减少给你写信的次数，从家长的角度，多给你创造自我锻炼的空间及提供自我锻炼的机会。

春节期间我给你学校学生处领导写了信，主要内容：一是告知他们我收到了学校寄来的国家奖学金获奖喜报；二是对学校的培养表示感谢；三是告诉他们你对奖学金的处理；四是谈了假期我们之间的交流；五是关于你如何度过的假期和下学期的打算。

你接到我的信后，一定抽时间给你大爷写一封信，因为他们春节没有回家过年，所以你失去了一次和你大爷、大娘以及你哥当面交流的机会。因此你要写一封信单独邮寄给你大爷，汇报自己的思想、工作、学习、生活，你大爷看了你的信以后会和你交流的。另外注意给你大娘、你哥打电话，和他们汇报、交流你的情况，求得指导。

下学期你就要出国实习，本学期是你在国内做全日制学生的最后一个学期了，所以，我写此信提醒你：一定要珍惜这个学期的时光。借用我的一句老话——该做好的事情一定要尽心尽力而为，不该做的一定不能留下遗憾。还要注意有机会多和你的老师、同学尤其是在国外学习的同学交流，多了解他们在那里的情况，便于有针对性地做准备，为下学期出去学习打好基础。说到为出国学习打基础，我觉得本学期你应该把锻炼你的独立精神和独立能力列为比前几个学期更为重要的任务。不知道你是否还记得，我在你上大一时写给你的第一封信中就提到"生存能力是人的第一能力"。伴随着你的大学生活的进程，我也逐渐在思想、做人、学习、工作等各方面引导你独立思考、大胆实践，在自我探索中不断提高。从我们的交流中也看出来你确实也是这样做的，也确实是在自我实践的探索中不断进步。这里我再次提出这个问题，其实是独立精神和独立能力的再提高问题。希望你在思考问题的过程中，在处理生活、学习、工作的具体问题过程中，比前几个学期尤其要注意有自己的主见、自己先拿出方案，尤其要注意自己的事情自己做，自己的困难自己克服。当然，工作过程中的组织纪律性是不能违背的，团结协作、乐于助人的好作风也要继续发扬。相信你会在前面几个学期的基础上，脚踏实地，一步一个脚印地进步，取得更好的成绩，为下学期出国学习打下坚实的基础。我说的成绩不仅是指先进、奖学金之类，更重要的是你个人学习以及综合水平的提高，尤其是独立精神的确立和独立能力的提高。

按照计划，本学期应该继续学习《孟子》，上学期介绍了《孟子》的结构和孟子的思想及其对后世的影响，本学期应该学习原文，考虑到文章篇幅长而且你有这份资料，就不再邮寄了。为了检验你学习的效果，我查阅汇总了《孟子》中的名言30句，附带邮寄给你，你利用业余时间在两到三周内翻译出来，下个月连同你给我写的信一起邮寄给我。

你一定要把上学期我写给你的信找全并保存好。这不仅是我的财富，更是你的财富。

爸爸
×年×月×日

附寄学习资料

经典阅读——《孟子》（之二）

1. 不以规矩，不成方圆。

2. 权，然后和轻重；度，然后知长短。

3. 人有不为也，而后可以有为。

4. 生于忧患而死于安乐也。

5. 惟仁者宜在高位。不仁而在高位，是播其恶于众也。

6. 天子不仁，不保四海；诸侯不仁，不保社稷；卿大夫不仁，不保宗庙；士庶人不仁，不保四体。

7. 五亩之宅，树之以桑，五十者可以衣帛矣。鸡豚狗彘之畜，无失其时，七十者可以食肉矣。百亩之田，勿夺其时，八口之家可以无饥矣。谨庠序之教，申之以孝悌之义，颁白者不负戴于道路矣。

8. 易其田畴，薄其税敛，民可使富也。

9. 君仁，莫不仁；君义，莫不义；君正，莫不正。

10. 乐民之乐者，民亦乐其乐；忧民之忧者，民亦忧其忧。

11. 君之视臣如手足，则臣视君如腹心；君之视臣如犬马，则臣视君如国人；君之视臣如土芥，则臣视君如寇仇。

12. 鱼，我所欲也，熊掌亦我所欲也；二者不可得兼，舍鱼而取熊掌者也。生亦我所欲也，义亦我所欲也；二者不可得兼，舍生而取义者也。

13. 老吾老，以及人之老；幼吾幼，以及人之幼。

14. 得道者多助，失道者寡助。寡助之至，亲戚畔之，多助之至，天下顺之。

15. 天时不如地利，地利不如人和。

16. 不违农时，谷不可胜食也；数罟不入洿池，鱼鳖不可胜食也；斧斤以时入山林，材木不可胜用也。谷与鱼鳖不可胜食，材木不可胜用，是使民养生丧死无憾。

17. 庖有肥肉，厩有肥马，民有饥色，野有饿莩，此率兽而食人也。

18. 桀纣之失天下也，失其民也；失其民者，失其心也。得天下有道：得其民，斯得天下矣；得其民有道：得其心，斯得民矣；得其心有道：所欲与之聚之，所恶勿施，尔也。

19. 明君制民之产，必使仰足以事父母，俯足以畜妻子，乐岁终身饱，凶年免于死亡。

20. 君子不怨天, 不尤人。

21. 富贵不能淫, 贫贱不能移, 威武不能屈, 此之谓大丈夫。

22. 故天将降大任于斯人也, 必先苦其心志, 劳其筋骨, 饿其体肤, 空乏其心, 行拂乱其所为, 所以动心忍性, 曾益其所不能。

23. 爱人者, 人恒爱之; 敬人者, 人恒敬之。

24. 不挟长, 不挟贵, 不挟兄弟而友。

25. 贤者以其昭昭使人昭昭, 今以其昏昏使人昭昭。

26. 富岁, 子弟多赖; 凶岁, 子弟多暴。非天之降才而殊也, 其所以陷溺其心者然也。

27. 有为者辟若掘井, 掘井九轫而不及泉, 犹为弃井也。

28. 君子有三乐, 而王天下不与存焉。父母俱在, 兄弟无故, 一乐也; 仰不愧于天, 俯不怍于人, 二乐也; 得天下英才而教育之, 三乐也。

29. 穷则独善其身, 达则兼善天下。

30. 尽信《书》, 则不如无《书》。

关心社会就是关心自己

××：

　　近期，媒体报道了国内外发生的少数分裂分子以及某些趁火打劫的打砸抢分子、地痞流氓，在拉萨、甘肃、四川以至中国驻某些国家的使、领馆所搞的打砸抢等破坏活动。这一行径很是让人愤慨。在交流对这种现象的看法时，我对你妈妈说起小时候看过的一部电影，名字叫《农奴》，说的就是旧时代西藏下层人民在农奴制的黑暗统治下过的非人生活。一个具体的情节让我们印象非常深刻：农奴主怕农奴们跑了，晚上睡觉都要给他们戴着脚镣。现在，西藏社会的变化、西藏人民的政治自由和生活水平比那个时候好过多少倍，是那个时代无法比拟的，这一点你比我更能找到很多资料证明。稍微明智的西藏人难道还愿意回到农奴制的黑暗年代吗？所以说，稍有良知的西藏人不会也不应该闹分裂，何况历史上西藏本身就是中国领土不可分割的一部分。我想，达赖们闹分裂，很大程度上就是为了夺回属于自己的统治特权，其实，资本主义制度不能让西藏发展得像现在这样好，因为资本主义制度的很大弊端仍然是贫富悬殊。这个问题由于我水平有限很难说得很透彻，但是，对于分裂、对于倒退，我们是旗帜鲜明地坚决反对。

　　为了让你对西藏封建农奴制度有比较深入的了解，给你邮寄了光明日报记者马振华写的《旧西藏封建农奴制》供你学习。

　　昨天晚上，我看电视，一直等到台湾选举有了结论，一发布消息我接着给你发短信。知道你也一直关注这个问题，我很欣慰。作为国家的一分子就要关心国家的命运，我多次说过个人的前途是和党、国家的命运紧紧联系在一起的，何况你的志向是进入国家机关工作，这也要求你时刻关注国家的内政外交。关心社会、关心政治，就是关心自己。今天上午我又看新闻，马英九发表的感谢选民的讲话中就有"两岸要和平"一条，这对于我们发展两岸关系是利好消息。

这里今天进行公务员考试。统计的数据是：报考 3 万多名，平均 60 多人录取一个。市级公务员考录比例如此大，省级、国家级公务员考试的录取比例可想而知。所以，你要十分珍惜自己的学习机会，尽自己最大的努力，在应当储备的各个方面都要做好准备，保证明年毕业后顺利走向工作岗位。爸爸相信你能知道这一年时间的分量。 我发现参加考试的人，其中有不少文字表达能力比较差，有的人写字的水平或者叫书写能力也比较差。可是，申论答卷就一张纸，而且是画了格子的，所谓一次性的，写乱了想改都不好办。有的考生不知道先在大脑中或者草纸上列一下简单的纲目，想起什么写什么，结果把试卷写得很乱；有的考生字写得很差，看起来就很不顺眼，更难说顺心了。所以，锻炼写作能力和写字能力对于你们是多么重要！你本学期一定要继续利用平时的时间锻炼写作能力和写字能力，每一个月给家里写一封信。爸爸是多么希望你从思想深处认识到这个问题，相信你能理解爸爸的良苦用心。

清明节不是放假吗？一定要利用假期来写本学期给家里的第一封信。

爸爸

×年×月×日

敢于直面问题就有前进的动力

××：

收到你的来信，我看了以后又给你妈看了看，觉得有几点需要和你交流。第一，知道你本学期课程中有的有难度。我想，既然开的课就是有用的，而且一般大学的课程都是为了以后的工作打下基础，所以，一定要尽心尽力地好好学习。你还记得你初中学习英语的经历吗？刚开始上初中，你的英语成绩并不很好，你的英语老师让你从听歌开始，培养了你的兴趣，慢慢地你的成绩就上去了。我们也几次探讨过这个问题，而且由此更加深刻地认识到"兴趣是最好的老师"。到了大学，尤其是职业目标确定以后，你自己应该更能把握住自己的学习。你上高中时我就说过，一是教材中的内容，二是教师讲的内容，三是自己认为应该学好的内容，三者的学习缺一不可。作为大三的学生，应该知道应当学好什么，如何才能学好。我就没有必要多说了吧，既然你能认识到难度，凭我对你的了解，你一定会尽心尽力去克服困难、解决问题。我相信你。第二，从信中看出你的字还需要进一步练习，此次回信把你给我的信再寄给你，里面我都做了标注，一定要根据我的提示好好练习。让读者知道作者写的是什么，这是作者最起码的责任。

因为我很忙，本来计划让你妈妈去你那里的。你妈妈和你通了电话，你说你也很忙，那就等"五一"再决定吧，去与不去，以有必要为前提，以不耽误你的学习和工作为前提。另外，你妈妈告诉你我很忙，你说，我做工作就是在"拼命"。其实我的本意是想一直从事专业技术的工作，结果阴差阳错地到了现在的岗位，我也知道要做好——我指的是做"好"现在的这份工作——以我的风格一定会影响我的专业技术工作成绩，甚至会影响我的身体健康。不过我想，国家培养我这么多年，领导和群众都认为我能干好现在的工作，我就要尽心尽力地去做——有方案、有行动；工作中身先士卒、吃苦吃亏；尽最大努力克服苦难、解决问题，把工作做好。你一看到"尽心尽力"这四个字，一定会想起：尽心——能想到的都要想到；尽力——能出的力都要出到；无怨——别人不能怨你；无悔——自己不后悔。这也是我一贯的原则。让我们两个竞赛一下，看看谁能在自己的岗位上做得更好。其实爸爸是希望看到长江后浪推前浪的。

　　无意中在"影山讲堂"网页上看到山东省社会科学界联合会党组书记、副主席、研究员刘德龙先生 2005 年 5 月在济南影山讲堂做的《齐鲁文化与山东民俗》报告的文字版本，觉得有所感悟，给你看看，有则改之，无则加勉。报告中列专题讲了"齐鲁文化与山东民俗的缺憾"，主要包括"思想保守、文化守旧；观念闭塞、言行土气；义气至上、不计后果；讲究排场，死要面子"几个方面，而且还"建议大家都解放一下思想，自己来给山东人挑一挑刺，找一找毛病……"。当然，应该一分为二即所谓辩证地看待这份报告中的观点，但是，这种勇于自我剖析、直面问题的魄力令人佩服，值得我们学习。

爸爸

×年×月×日

来信专复

××：

我出差回来以后，你的信已经收到了。

这次你写的信，书面上看起来比上次更加清晰、字迹更加清秀了，标点符号的问题，用字、遣词、造句的问题，也比过去严谨、顺畅，说明只要练习，只要用心，就有效果。你千万不能把我说的这些问题看成小问题，甚至认为我有点鸡蛋里挑骨头（我自己确实也这样认为），如果你能换换角度想问题，就会想到点滴决定完美、细节决定成败。

我仍然在信中就一些问题做了标注，随着我给你写的信邮回去，供你参考。关于专业学习与考试，我赞成你的观点——学习是为了以后的应用，但是现在的考试也必须好好应对，因为考试是检验学习效果的重要手段。尤其是大学里的考试，应用型内容很多，考试成绩在很大限度上也能说明你的实战水平。关于读书，我赞成你的做法——以后从事某一种职业，必须在此行业有相应的比较系统的知识基础。可以有选择地系统性地读一些理论书籍。对于零散的知识平时稍加留意就能积少成多。至于在读书中发现的一些不同观点，可以有批判地学习，但是绝对不能附和那些和主流意识形态不和谐的声音。关于向别人学习的问题，你讲得完全正确——每个人都有他（她）的长处和短处，我们的上策在于取人之长，补己之短。关于决定人成就大小的关键因素，我们两个有同感：人的成功需要能力加机遇。能力是在学习和实践过程中锻炼提高的，所谓机遇是留给有准备的人，准备过程就是能力积蓄的过程，机遇需要抓住甚至创造。过去我常对你说，一个人要想成就事业，就要有能力，要让外界知道你有能力，要让外界用你的能力，要利用你的能力奉献国家、服务社会。其实，这也是能力加机遇的问题，让外界知道你的能力并且用你的能力，就是要抓住机遇甚至创造机遇。有人说，成功要有背景，但细数那些成功的人有几个有背景？原始创业的人哪里有背景？另外，是否能够成功，还与是否能坚持有很大关系。因为工作的性质，我接触的人比较多，在交流中就能看出：绝大多数人刚毕业都是从基层做起，可是时间一长，就有了差别，有的人走上了更高层次的技术岗位，有的人走上了管理岗位，有的人做了营销类业务工作；有的人虽然始终在基层但是干得很突出，以至于"某些岗位离了他们就不转了"；有的人有了本事跳了槽。可是也有的人始终在基层而且干得不怎么样。我说过，最优秀的人是那些在困难和挫折面前百折不挠，而且取得了成就的人；很多不成才的人都是不能从基础做起，或者耐不住寂寞、不能坚持。

根据目前的情况——下学期你要出国学习，回国以后就面临毕业了。你这封信很有可能是你大学生活期间给我写的最后一封信，信的内容也是关于你自己对一些问题的看法的总结。我看了以后除了对你的观点进行了评注，也认识到你的写作水平的提高。记得以前我在提倡你给我写信的信中也说过，有时候说起来头头是道，但是要写出来可是很难，我有时候说能说不能写的人"说话停不住，下笔总愣神"也是这个道理。我还说过，看到人家写的文章里的观点的意思我们平时都说过，可是让我们总结却很难，或者我们懒于动笔因而落在人家后面。近期我看了李开复《给中国学生的第三封信：成功就是成为最好的自己》也很有体会，文章里的观点都觉得似曾相识："把握人生目标，做一个主动的人……尝试新的领域、发掘你的兴趣……针对兴趣，定阶段性目标，一步步迈进……为了成为最好的你自己，最重要的是要发挥自己所有的潜力，追逐最感兴趣和最有激情的事情……那些敢于去尝试的人一定是聪明人。他们不会输，因为他们即使不成功，也能从中学到教训。所以，只有那些不敢尝试的人，才是绝对的失败者……目标都是属于你的，只有你知道自己需要什么。制定最合适的目标，主动提升自己，并在提升过程中客观地衡量进度，这样才能获得成功，才能成为更好的你自己。"你看看，其中很多道理我们都交流过，但是到了人家的文章里就显得思想深邃而又浅显易懂了。我想，除了文化基础、阅历等因素以外，勤于总结，还有就是写作过程中水平的不断提高也是不可否认的。其实写作也是很重要的总结。从你给我写信过程中水平的提高也能看出这方面的道理。

我在出差的时候，看到了关于我们国家西南地区发生地震的报道。这次地震给我们的国家和人民造成了极大损失。值得欣慰的是，全国上下很齐心，表现出极大的凝聚力。国家大，一方有难，八方支援。社会主义制度的优越性之一就是可以集中力量办大事。记得我小的时候，邢台地震、唐山地震后，人民群众自己生活艰苦，可还是拿出甚至地瓜秧之类的物资捐献出去。现在，我们国家的实力比过去强大了许多，相信我们的国家、人民一定会渡过难关的。我们这里组织了捐款，你们估计也要组织，我知道你会踊跃捐助的，我支持。

爸爸

×年×月×日

关于入选奥运志愿者

××：

今天上午给你充了生活费，下午来到办公室，考虑了一下还是决定在放假以前给你写一封信，一是把我手头的资料寄给你，二是在放假以前再和你交流一次。

你能入选奥运会志愿者，我们（尤其是你妈妈）激动了好几天，到现在说起这件事还是很高兴。你想，百年奥运，我们国家第一次举办，让我们赶上了，你又入选奥运志愿者——实际上，为奥运会做志愿者也是参加奥运——这是多么有意义的事情。我想，你能入选，是对你综合素质的认可；你能参加，是对你综合素质的检验和进一步锻炼。就目前来看，这将是你学生时代参加的规模最大、最有意义的社会活动，这将为你的人生历程留下美好的纪念。

我常看新闻，近期令人欣慰的是大陆和台湾的关系真正出现了转机。马上要开奥运会了，创造一个安定、祥和的国内外环境，是顺利举办奥运会的重要条件。再说，国家安定，人民福祉。

你提出买录音笔和照相机，我都赞成，一是奥运会期间你做志愿者可以用上，二是下学期你出国学习时也可以用。我过去说过，该花的钱就要花。上午给你充的钱中，除了按常规应该给你的生活费，另外的 800 元是买录音笔的钱，500 元是支付给你同学（你转买了你同学的生活用品）的钱。我们这里支援抗震救灾，我捐了 300 元，你妈去献血没有献成，捐了 100 元钱。在国家、民族有困难的时候，我们每一个人都要尽一份责任和义务。

学习、工作、为下学期出国学习做准备，加上我给你布置的任务——起码每月给我写一封信，你这个学期仍然过得很充实。下一步，又要进入每学期必有的期末考试复习了,相信你会梳理一下本学期的学习内容,做出复习计划,尽心尽力地复习、尽心尽力地考试。这应该是你在国内参加的最后一次期末考试了吧(大四回来参加的应该是毕业考试吧)。相信你会更加重视。

大二结束时,我给你附寄了李开复《给中国学生的第七封信:21 世纪最需要的 7 种人才》,随本学期的最后一封信给你寄去蒋光宇的《梦想如鸡蛋》供你学习,并以其提醒你立想立行、立说立行,过一个充实有意义的假期。你可能会问,怎么梦想还如鸡蛋? 你读完文章就找到答案了。

大三结束,你完整的国内大学生活也就顺利结束了,送给你乔布斯 2005 年 6 月在斯坦福大学毕业典礼上讲的一段话,借名人名言对你大学三年的努力给予嘉奖:

“你无法预见性地将生命中的点点滴滴串联起来。只有在你回头看的时候,你才会发现这些点点滴滴之间的联系。你要相信,你现在所经历的一切都将或多或少与你的未来产生关联。”

马上就要见面了,但是,由于奥运会志愿者培训等工作,你又不能在家过一个完整的假期,所以我和你妈妈也很珍惜,不多说了,留着等你回家以后唠叨。

爸爸

× 年 × 月 × 日

推荐学习资料

[1] 马振华. 旧西藏封建农奴制. 光明日报，2008-04-15.

[2] 刘德龙. 齐鲁文化与山东民俗.

[3] 李开复. 与未来同行（李开复文集）. 北京：人民出版社，2006.

[4] 蒋光宇. 梦想如鸡蛋. 幸福·红颜情报，2007，（8）.

书信一

就业最后一千米

××：

因为本学期你就要出国学习，寒假必须在国外过，明年回来就毕业、工作了，所以这个暑假就成为你大学时代最后一个可以在家度过的假期，本来应该在家好好休息、好好团聚，可是因为你本学期的任务明确而且繁重，所以这个假期你就开始准备，诸如学习奥运志愿者服务常识，参加奥运知识竞赛答题；学习外语和外国史，因此过得很充实，而且，因为奥运志愿者要提前集合，你又提前返校了。

大四阶段要为走向社会做最后的准备。为了尽到家长的责任，帮助你做好走向社会的准备，大四这一年，我会按照出国学习以前、在国外学习期间、回国学习到毕业这几个阶段根据需要和你交流。不过像我原来说过的，随着你的水平越来越高，能力越来越强，我对你的指导越来越放开了，而且你的大四阶段也会很忙，一般情况下，我们之间书信来往的次数会逐渐减少，每次书信的篇幅会逐渐缩短，而且更是以相互交流为主。除了书信交流，我还会像以前那样，向你提供一些参考学习资料，尤其是提出学习经典著作的任务。根据几部经典著作（"四书"）的特点，结合你的学习历程，大四阶段应该学习《中庸》。"不偏之谓中，不易之谓庸。中者，天下之正道，庸者，天下之定理。""其书始言一理，中散为万事，末复合为一理，'放之则弥六合，卷之则退藏于密'，其味无穷，皆实学也。善读者玩索而有得焉，则终身用之，有不能尽者矣。"（程颐语）你一定注意：第一，中庸之道的主题思想是教育人们自觉地进行自我教育、自我修养、自我监督、自我完善，把自己培养成为具有理想人格，达到至善、至仁、至诚、至道、至德、至圣、合外内之道的理想人物。第二，中庸不是庸俗，所以，你在学习借鉴过程中力戒人们忌讳的所谓中庸之道的弊端（其实中庸之道的本意也并非如此）——不温不火甚至走中立路线、和稀泥，想四面讨好，更有甚者没有对错，不讲尺度，丧失原则，没有了骨气和人格。我想，对于《中庸》，如果你能认真学习，取其精华，去其糟粕，一定会终身受益。根据上面说的你大四将度过的几个阶段，我计划分出国学习之前、在国外学习期间、回国学习到毕业三次给你邮寄，希望分段学习、连贯理解、批判继承、学以致用。

大学三年，你付出了很多努力，综合素质提高了很多，富有成绩。你的大四一年恐怕比前三年任务更重：做奥运志愿者、出国学习、毕业、就业。相信有前三年的基础，你会继续努力，过好这几关，更相信你的努力会有积极的结果。摘录几条《Cheers》2008 年 9 月第 96 期刊登的乔布斯语录作为新学期寄语送给你，但愿对你有用：

1. 求知若饥，虚心若愚。

2. 时间有限，不要浪费时间活在别人的阴影里；不要被教条所惑，盲从教条等于活在别人的思考中；不要让他人的噪音压过自己的心声。

3. 我有很棒的经验，充沛的活力，再加上一点"梦想"，而且我不怕从头开始。

4. 你不可能有先见之明，只能有后见之明，因此，你必须相信，这些小事一定会和你的未来产生关联。

5. 如果你把每天都当成最后一天来过，总有一天你会证明自己是对的。

6. 决不、决不、决不、决不放弃！

爸爸

×年×月×日

●●● 附寄学习资料

经典阅读——《中庸》（之一）

一、《中庸》简介

《中庸》出于孔子的孙子子思（前 483—前 402）之手。现存的《中庸》，已经经过秦代儒者的修改，大致写定于秦统一全国后不久，所以名篇方式已不同于《大学》，不是取正义开头的两个字为题，而是撮取文章中心内容为题。

早在西汉时代就有专门解释《中庸》的著作，《汉书·艺文志》载录有《中庸说》二篇，以后各代都有关于这方面的著作相沿不绝。但影响最大的还是朱熹的《中庸章句》，他把《中庸》与《大学》《论语》《孟子》合在一起，使它成为"四书"之一，成为后世读书人求取功名的阶梯。

二、《中庸章句》序（淳熙己酉春三月戊申，新安朱熹序）

中庸何为而作也？子思子忧道学之失其传而作也。盖自上古圣神继天立极，而道统之传有自来矣。其见于经，则"允执厥中"者，尧之所以授舜也；"人心惟危，道心惟微，惟精惟一，允执厥中"者，舜之所以授禹也。尧之一言，至矣，尽矣！而舜复益之以三言者，则所以明夫尧之一言，必如是而后可庶几也。

盖尝论之：心之虚灵知觉，一而已矣，而以为有人心、道心之异者，则以其或生于形气之私，或原于性命之正，而所以为知觉者不同，是以或危殆而不安，或微妙而难见耳。然人莫不有是形，故虽上智不能无人心，亦莫不有是性，故虽下愚不能无道心。二者杂于方寸之间，而不知所以治之，则危者愈危，微者愈微，而天理之公卒无以胜夫人欲之私矣。精则察夫二者之间而不杂也，一则守其本心之正而不离也。从事于斯，无少闲断，必使道心常为一身之主，而人心每听命焉，则危者安、微者着，而动静云为自无过不及之差矣。

夫尧、舜、禹，天下之大圣也。以天下相传，天下之大事也。以天下之大圣，行天下之大事，而其授受之际，丁宁告戒，不过如此。则天下之理，岂有以加于此哉？自是以来，圣圣相承：若成汤、文、武之为君，皋陶、伊、傅、周、召之为臣，既皆以此而接夫道统之传，若吾夫子，则虽不得其位，而所以继往圣、开来学，其功反有贤于尧舜者。然当是时，见而知之者，惟颜氏、曾氏之传得其宗。及曾氏之再传，而复得夫子之孙子思，则去圣远而异端起矣。子思惧夫愈久而愈失其真也，于是推本尧舜以来相传之意，质以平日所闻父师之言，更互演绎，作为此书，以诏后之学者。盖其忧之也深，故其言之也切；其虑之也远，故其说之也详。其曰"天命率性"，则道心之谓也；其曰"择善固执"，则精一之谓也；其曰"君子时中"，则执中之谓也。世之相后，千有余年，而其言之不异，如合符节。历选前圣之书，所以提挈纲维、开示蕴奥，未有若是之明且尽者也。自是而又再传以得孟氏，为能推明是书，以承先圣之统，及其没而遂失其传焉。则吾道之所寄不越乎言语文字之闲，而异端之说日新月盛，以至于老佛之徒出，则弥近理而大乱真矣。然而尚幸此书之不泯，故程夫子兄弟者出，得有所考，以续夫千载不传之绪；得有所据，以斥夫二家似是之非。盖子思之功于是为大，而微程夫子，则亦莫能因其语而得其心也。惜乎！其所以为说者不传，而凡石氏之所辑录，仅出于其门人之所记，是以大义虽明，而微言未析。至其门人所自为说，则虽颇详尽而多所发明，然倍其师说而淫于老佛者，亦有之矣。

　　熹自蚤岁即尝受读而窃疑之，沈潜反复，盖亦有年，一旦恍然似有以得其要领者，然后乃敢会众说而折其中，既为定着章句一篇，以俟后之君子。而一二同志复取石氏书，删其繁乱，名以辑略，且记所尝论辩取舍之意，别为或问，以附其后。然后此书之旨，支分节解、脉络贯通、详略相因、巨细毕举，而凡诸说之同异得失，亦得以曲畅旁通，而各极其趣。虽于道统之传，不敢妄议，然初学之士，或有取焉，则亦庶乎行远升高之一助云尔。

从《别了，奥运》说起

××：

　　看了你写的关于做奥运志愿者的散文体总结——《别了，奥运》，总体感觉不错：逻辑清晰，语言流畅，而且夹叙夹议加抒情的散文特点比较明显。读后让人感到你对奥运、对奥运志愿者工作的感情真挚、深刻。尤其是奥运会结束，离开奥运村时自己心情的描写，富有感染力。这首先说明你用心干了工作，其次也说明你把握住了散文的写作要求。只是在小的方面，诸如格式、标点符号、个别语句的遣词造句方面还要进一步锤炼。其实，这主要还是写作过程中严格要求，锻炼严谨写作风格的问题。从做志愿者的整个过程中你个人的感觉来看，收获颇丰。其中积极的方面有：开阔了视野，增长了见识，提高了服务意识和服务水平，尤其是又一次检验和锻炼了自己的外语实战能力。思想认识和方法上需要改进的方面有：工作有闲有忙，闲的时候又觉得有点熬时间，这其实涉及一个坚守岗位的问题，大部分岗位的工作性质就是这样，有闲有忙而且不一定有规律，所以必须有人值守。我以为，他们在培训你们的时候，应该讲到有的岗位可能有闲有忙，但是不忙的时候也要坚守岗位，所谓不怕一万就怕万一——万一有事必须有人值班而且能及时处理。其次，关于处理上下级关系的方法，要明白遵守工作程序和纪律规定是基本的原则，把个人感情和工作关系分开是成熟的表现。比如说，你和副职由于性格、爱好而关系更融洽一点，但是工作中要注意把正职的安排作为第一命令来执行。这都是常识。希望你好好总结这次做志愿者的得与失，对于好的经验以后继续保持，对于不足的方面要在今后避免、改进。

　　近期学习了《党课》杂志 2007 年第一期刊登的萧峰的《共产党员要做遵守

纪律的模范》一文,这篇文章从党的纪律是规范党员言行的准绳、自觉性与强制性的统一、聚沙成垒的根本保证、常以党章为准绳和镜子四个大的方面系统地讲解了什么是党的纪律、党的纪律的特点是什么、为什么要遵守党的纪律、怎样做遵守党的纪律的模范几个问题,读后收获较大。诸如,党的纪律范畴,总的方面 一党的最高纪律《中国共产党章程》到社会主义道德规范;具体划分——政治纪律、经济纪律、组织纪律、宣传纪律、群众纪律、人事纪律、外事纪律、保密纪律。党的纪律的特点——"一方面党的纪律是铁的纪律,而不是柔性的纪律,因此具有强制性和权威性;另一方面,党的纪律又是建立在党员自觉遵守的基础之上的,因此具有高度的自觉性。正是这种强制性和自觉性的统一,构成了党的纪律最本质的特征。"怎样做遵守党的纪律的模范?"第一,认真学习党的纪律,增强纪律观念。第二,以党纪为准绳,严格要求自己。第三,重言传更重身教,发挥好表率作用。第四,既要洁身自好,又要敢于斗争。"这些方面都讲解得全面、系统而又具体,将这篇文章推荐给你,希望你想办法找找,全面地学习,更希望你总结一下自己遵守党的纪律的情况和本文进行对照检查,制定出改进措施,并在实践中注意落实。

爸爸

×年×月×日

出国学习前后须知

××：

　　你来电话说接到十月份出国实习的通知，我们考虑虽然你去学习由国家提供基本费用，但是，按照我们的习惯"穷家富路"，说不上什么时候、什么地方就要用钱，所以，还是给你的卡里充了一些钱，你可以根据需要自行处理。这里重复我的老话一句：该花的钱是要花的。

　　你出国之前，无论是思想、纪律，还是在学习、工作、团结等各方面，都要站好在国内正规学生生活的最后一班岗。另外，要做好出国学习的准备——除了按照有关部门和有关领导的要求做好准备，注意找你的老师，一是向他们道别，二是向他们请教：出国以前的学习如何收尾；学校、班级下一步的工作如何交接；出去之前应该如何准备；去了那里应该注意哪些问题。你还可以向以同类形式出去学习过的师哥师姐们求教。

　　就我个人看，诸如学习的收尾——所学的课程到出国的时候应该完成的进度一定按要求完成；你出国学习的这个阶段学校里开设的课程内容大致要明确，问清楚老师的要求，带着教材，到了国外加强自学，实在解决不了的问题随时向老师联系请教，虽然在国外也要学习，但国内的学习也不至于落下，做的好了还会双丰收；工作的收尾以及交接，不该留的半拉子工程绝对不能留，而且将下一步的工作和继任者做好交接。至于出国需要带的东西，我觉得除了生活用品以外，其他的也要计划好，这半年多的时间中工作、学习上需要带齐哪些资料，而且要考虑到回来后应该做什么、学什么，需要在那里提前做好准备的话，该带的资料也要带好。这是我的想法，供你参考。

你到了那里以后，我估计他们也会对你进行必要的培训，除了按照培训的要求去做，如有疑问，也可以及时向有关部门、有关人员请教。到了国外，你的形象、言论和行为，在一定意义上就代表了我们中国人，这一点，我想你自己会心中有数。具体地说，你去那里毕竟是到学校学习，我想，校有校纪、班有班规，大概古今中外均如此，希望你像在国内那样甚至要更加自觉遵守就读学校的校规校纪，如有可能，继续参与有关学生工作。另外，就是和负责管理你们的中方部门保持联系，注意请示、汇报、交流。我只是从大的方面提醒你，相信你已经参加了有关培训，做好了有关准备。

就像上次去信中我说的那样，大学前三年中你付出了很多努力，综合素质提高了很多，并富有成绩——被选为班长、竞选成功学生会干部、入了党、获得国家奖学金、入选奥运志愿者、考取留学生，据最近的消息，你又被评为三好学生。以你的素质，相信到了国外的学校仍然会做得很好，会取得优异的成绩。

你在国外学习，会常常和外教、外国的学生打交道，因为有实习的性质，还可能协助我们国家的有关部门组织一些活动，比在国内上学任务更艰巨，环境更复杂。我把《职业》2007年22期刊登的余玮的文章《杨洁篪：从学徒工到外交官》中的一段内容摘录给你，或许对你有参考价值。

北京市的一名中学生问杨洁篪"成为外交官需要具备什么样的素质"，杨洁篪道出了五点要素：第一，要有强烈的爱国主义精神，坚定的政治立场和信念；第二，要有非常扎实的政治、外交功底和敏锐的国际形势判断力；第三，要具备各方面的知识和能力，要了解中外文化，还要具备综合分析、应变能力，要有悟性；第四，要有高尚的道德情操和严格的组织纪律性；第五，要有好的身体条件，外交官有时候连轴转，身体好才可以应付繁重的工作。

另外，给你讲一个《大家故事（天下事）》2007年12期刊登的黄觉的《一场令周总理震怒的外交风波》中记录的真实案例，或许对你也有借鉴价值。

1969年3月初，外交部常务副部长姬鹏飞为抵京履新的阿尔巴尼亚驻华大使罗博接风洗尘，阿尔巴尼亚驻华大使馆参赞泽契·阿果利等使馆外交官员应邀赴宴。外交部副部长乔冠华等出席作陪。散席后，喝得醉醺醺的阿果利驾车沿着东长安街行至灯光较暗的建国门外大街时，撞死了一名无辜的中国工人。获悉真相后，周总理马上召集姬鹏飞、乔冠华等当事人开会，针对"看着阿果利过量饮酒不仅不劝阻，反而一再劝酒""让人家醉酒后驾车回去""事后不立即报告"等，狠狠地批评了姬、乔等有关负责人，责成他们在会议上作深刻检查，并再一次重申

20世纪60年代制定的外交人员有关规章守则：各种外交场合，外交官饮酒不得超过自己酒量的1/3。3月28日，周恩来接见罗博、阿果利，商谈该事件的处理。周恩来再三向罗博大使表示，此事责任在我外交部有关负责同志。因车祸不幸死亡的工人同志善后事宜由中方负责处理。这件事，在几种杂志上都有登载，你最好收集一下看看完整的文稿，那样可能对你更有教益。

凡事预则立，只要你做好思想和言行诸方面的准备，相信到了那里一定能有一个好的开端，按常理，这样你就等于成功了一半。

由于需要做出国以前的准备，你会很忙，我就不再多给你写了，有事可以电话联系。

爸爸

×年×月×日

推荐学习资料

［1］乔布斯语录. Cheers，2008，96.

［2］萧峰. 共产党员要做遵守纪律的模范. 党课，2007，(1).

［3］黄觉. 一场令周总理震怒的外交风波. 大家故事(天下事)，2007，(12).

［4］余玮. 杨洁篪：从学徒工到外交官. 职业，2007，(22).

邮件一

古为今用、洋为中用

××：

为了让你有平静的心态尽快适应新的环境，近期没有给你发较长的邮件。相信经过这一个阶段，你已经安顿好而且也差不多适应了吧。

根据你近期邮件的内容，我在这里和你交流以下几点：第一，你去了主要是为了学习，为以后顺利就业和就业以后更好地工作打基础。当然，除了学习专业、学习语言以外，还要了解、学习人家的文化、历史等。相信你会明白：小到一个人，大到一个民族、一个国家，都有其消极的一面（所谓不足之处），我们要学习的是人家积极的东西，至于消极的东西，不能引为我用。第二，要注意积极主动参加组织生活、按时缴纳党费。第三，注意处理好和外国人相处的问题。这方面我想你们出国以前已经接受了培训。我所想到的有：应该尊重对方的习俗，以诚相待，符合你们的组织纪律要求。第四，在生活上，不能委屈自己，但是也不能因为刚去没有头绪从而没有计划地花钱，在国外花钱，除了过去我说过的"该花的钱要花"，还有就是注意"富人面前我们不穷，穷人面前我们不富"。第五，注意关注国内经济与政治形势。记住我的话，关心社会、关心政治，就是关心自己。

现在是你大四的第二个阶段——在国外学习期间，关于"经典阅读"，我给你邮寄了《中庸》前十九章原文，关于译文，考虑到你已经有了一定的基础，可以翻译,如果需要交流和资料,除了发邮件和我联系,还可以上网查询。

你在国外学习期间,我仍给你布置学习中国传统文化的任务,你是否觉得"别有一番滋味在心头"? 正是因为你在国外学习,我给你提出学习中国传统文化的要求,也让我想到如何正确看待各种文化的关系问题:传统文化、现代文化;民族文化、外来(世界)文化。不同的文化都有其积极和消极的一面,只有做到系统地学习、全面地理解、正确地分析,并能够广收并蓄、博采众长,取其精华、去其糟粕,才能做到古为今用、洋为中用,一切精华为我用。和年轻人交流的时候,我曾经送给他们几句话:回头看过去知道历史,抬头看远方知道未来;脚站得高一些,眼看得远一些,心想得宽一些——要有大视野,前瞻性。这些都是21世纪世界化人才必须具备的素质。我想,一个有国外学习阅历的人,应该也会达到这样的层次,我说的对吗?

爸爸

×年×月×日

●·· 附寄学习资料

经典阅读——《中庸》(之二)

(朱熹《中庸章句》前十九章原文)

第一章

天命之谓性,率性之谓道,修道之谓教。道也者,不可须臾离也,可离非道也。是故君子戒慎乎其所不睹,恐惧乎其所不闻。莫见乎隐,莫显乎微,故君子慎其独也。

喜怒哀乐之未发,谓之中;发而皆中节,谓之和。中也者,天下之大本也;和也者,天下之达道也。致中和,天地位焉,万物育焉。

右第一章:子思述所传之意以立言:首明道之本原出于天而不可易,其实体备于己而不可离,次言存养省察之要,终言圣神功化之极。盖欲学者于此反求诸身而自得之,以去夫外诱之私,而充其本然之善,杨氏所谓一篇之体要是也。其下十章,盖子思引夫子之言,以终此章之义。

第二章

仲尼曰:"君子中庸,小人反中庸。君子之中庸也,君子而时中;小人之中庸也,小人而无忌惮也。"

第三章

子曰："中庸其至矣乎！民鲜能久矣！"

第四章

子曰："道之不行也，我知之矣，知（智）者过之，愚者不及也；道之不明也，我知之矣，贤者过之，不肖者不及也。人莫不饮食也，鲜能知味也。"

第五章

子曰："道其不行矣夫！"

第六章

子曰："舜其大知（智）也与！舜好问而好察迩言，隐恶而扬善，执其两端，用其中于民，其斯以为舜乎！"

第七章

子曰："人皆曰'予知（智）'，驱而纳诸罟擭陷阱之中，而莫之知辟（避）也。人皆曰'予知（智）'，择乎中庸而不能期月守也。"

第八章

子曰："回之为人也，择乎中庸，得一善，则拳拳服膺而弗失之矣。"

第九章

子曰："天下国家可均也，爵禄可辞也，白刃可蹈也，中庸不可能也。"

第十章

子路问强。子曰："南方之强与？北方之强与？抑而强与？宽柔以教，不报无道，南方之强也，君子居之。衽金革，死而不厌，北方之强也，而强者居之。故君子和而不流，强哉矫！中立而不倚，强哉矫！国有道，不变塞焉，强哉矫！国无道，至死不变，强哉矫！"

第十一章

子曰："素隐行怪，后世有述焉，吾弗为之矣。君子遵道而行，半途而废，吾弗能已矣。君子依乎中庸，遁世不见知而不悔，唯圣者能之。"

第十二章

君子之道费而隐。夫妇之愚，可以与知焉，及其至也，虽圣人亦有所不知焉；夫妇之不肖，可以能行焉，及其至也，虽圣人亦有所不能焉。天地之大也，人犹有所憾。故君子语大，天下莫能载焉；语小，天下莫能破焉。诗云："鸢飞戾天，鱼跃于渊。"言其上下察也。君子之道，造端乎夫妇；及其至也，察乎天地。

右第十二章：子思之言，盖以申明首章道不可离之意也。其下八章，杂引孔子之言以明之。

第十三章

子曰："道不远人。人之为道而远人，不可以为道。诗云：'伐柯伐柯，其则不远。'执柯以伐柯，睨而视之，犹以为远。故君子以人治人，改而止。忠恕违道不远，施诸己而不愿，亦勿施于人。君子之道四，丘未能一焉：所求乎子，以事父未能也；所求乎臣，以事君未能也；所求乎弟，以事兄未能也；所求乎朋友，先施之未能也。庸德之行，庸言之谨，有所不足，不敢不勉，有余不敢尽；言顾行，行顾言，君子胡不慥慥尔！"

第十四章

君子素其位而行，不愿乎其外。素富贵，行乎富贵；素贫贱，行乎贫贱；素夷狄，行乎夷狄；素患难，行乎患难；君子无入而不自得焉。

在上位不陵下，在下位不援上，正己而不求于人则无怨。上不怨天，下不尤人。故君子居易以俟命，小人行险以徼幸。子曰："射有似乎君子；失诸正鹄，反求诸其身。"

第十五章

君子之道，辟如行远必自迩，辟如登高必自卑。诗曰："妻子好合，如鼓瑟琴；兄弟既翕，和乐且耽；宜尔室家；乐尔妻帑（孥）。"子曰："父母其顺矣乎！"

第十六章

子曰："鬼神之为德，其盛矣乎！视之而弗见，听之而弗闻，体物而不可遗。使天下之人齐（斋）明盛服，以承祭祀。洋洋乎！如在其上，如在其左右。诗曰：'神之格思，不可度思！矧可射思！'夫微之显，诚之不可揜（掩）如此夫。"

第十七章

子曰："舜其大孝也与！德为圣人，尊为天子，富有四海之内。宗庙飨之，子孙保之。故大德必得其位，必得其禄，必得其名，必得其寿。故天之生物，必因其材而笃焉。故栽者培之，倾者覆之，诗曰：'嘉乐君子，宪宪令德！宜民宜人；受禄于天；保佑命之，自天申之！'故大德者必受命。"

第十八章

子曰："无忧者其惟文王乎！以王季为父，以武王为子，父作之，子述之。武王缵大王、王季、文王之绪。壹戎衣而有天下，身不失天下之显名。尊为天子，富有四海之内。宗庙飨之，子孙保之。武王末受命，周公成文武之德，追王大王、王季，上祀先公以天子之礼。斯礼也,达乎诸侯大夫,及士庶人。父为大夫,子为士;葬以大夫,祭以士。父为士,子为大夫;葬以士,祭以大夫。期之丧达乎大夫,三年之丧达乎天子,父母之丧无贵贱一也。"

第十九章

子曰:"武王、周公,其达孝矣乎! 夫孝者:善继人之志,善述人之事者也。春秋修其祖庙,陈其宗器,设其裳衣,荐其时食。

"宗庙之礼,所以序昭穆也;序爵,所以辨贵贱也;序事,所以辨贤也;旅酬下为上,所以逮贱也;燕毛(耄),所以序齿也。

"践其位,行其礼,奏其乐,敬其所尊,爱其所亲,事死如事生,事亡如事存,孝之至也。

"郊社之礼,所以事上帝也,宗庙之礼,所以祀乎其先也。明乎郊社之礼、禘尝之义,治国其如示诸掌乎。"

邮件二

留学期间生活与为人之道

××：

记得你说过，出国以后和外国人交流的机会多，外语尤其是口语一定会提高得很快，所以你要抓住机会多多练习。根据你告诉我的情况，你去他们那里的大学学习的情况和国内的学习有区别，我估计你可能需要一个过程才能适应，比如他们的老师讲课，可能一开始你听不太懂——这是很多留学生都要经历的过程，有在国内这几年打下的基础，估计很快就能适应。至于生活，你已经在外独立几年了，何况本来你能吃苦，相信已经适应。像你所说的自己去购买学习和生活用具的事情，这本身就是自我生存能力的锻炼。你在邮件里还提到和新的师生的人际交往问题，我想，除了入乡随俗——尊重所在地人的习俗以外，不论到了哪里，诚信是人与人交往的基础。有鉴于此，李开复写给中国学生的第一封信也是"从诚信谈起"，此文第一个大问题就是"坚守诚信、正直的原则"，在此基础上，他又建议同学们要"生活在群体之中；做一个主动的人；挑战自我、开发自身潜力；客观、直截了当地沟通；主动去寻找自己所研究的领域里最好的老师"，另外，他还告诫大家"珍惜校园学习生活——除了十分特殊的情况，我不建议在校学生退学创业"。这封信的很大一部分内容适合于留学生，建议你收集以后认真深入地学习，假如这样做，一定受益匪浅。

你在国外的这段时间，我们多以邮件交流，以后你要注意，即使发邮件也要遵循书信的格式，主要为了养成良好的习惯，正所谓"做什么像什么"。另外，找到寄信的方式以后，写一封书信邮寄给我，除了交流外还要练习写作尤其是写字。

通过我们用电子邮件交流，让我想到网络的作用。其实，评价网络是"双刃剑"是有道理的。我在这里主要想提醒你,有建议和意见按正常渠道反映,不可利用网络随意发表消极的言论,这是起码的组织原则,你一定要记住并严肃对待。

爸爸

×年×月×日

选举留学生学生会主席

××：

　　组织选举留学生学生会主席一事，一般要先做好调研：以前有学生会的话，是如何组织的？成功和不足之处在哪里？在调研的基础上写一份书面报告：为什么组织选举学生会主席？如何选举？凡改革的地方，都要说出理由，让上上下下的人都觉得应该改革，而且改革的做法可行，否则改革很难成功。将报告呈报给留学生管理部门，上级批复以后再组织开展此项工作。你主动开展的工作应如此安排，对领导安排的工作，也要先请示、请教一番，听听他们的指示，学学他们的经验，然后结合自己的调研，考虑一套方案，再把自己的方案汇报一下，征得同意以后再去实施。工作结束以后，还要把结果上报给有关部门，甚至写出书面总结报告。这都是我说的一般做法。你们领导说得对，你在留学期间，要注意常和负责留学生的有关部门、有关人员联系，争取多做一点事情，为组织做贡献，使自己得到锻炼，也为以后的工作打下基础。

　　竞选报告一旦批下来，就要积极参与。这是为大家服务和锻炼自己的机会。至于你担心的可能会早回来，一旦入选可能会因为自己早回来而影响工作的问题，其实处理起来很简单，在你回来之前提前打报告，让他们选好"接班人"就行。

　　谈到你积极主动地组织并参与选举留学生学生会主席，使我想起前一阶段我读的李开复《给中国学生的第五封信：你有选择的权利》。在这封信中，李开复先生认为："在中国的教育体制下，学生们事事要听从父母和老师的安排，遇到问题也可以直接从父母和老师那里获得帮助，这很容易养成被动的习惯。因此，许多中国年轻人不善于主动规划自己的成长路线，不知道如何积极地寻找资源，使自己的学业和人生迈上更高的阶梯。另一方面,中国的父母和老师习惯于使用越俎代庖的方式,帮助孩子设计人生规划,这通常会使很多人忽视了自己真正的性格和兴趣,当这些孩子长大以后,他们多半会发现,自己早已迷失在'自我缺失'的海洋里了。此外,中国的传统文化强调群体意识,大力推崇'从上''从众'等行为方式,这些思想潜移默化地影响着一代又一代的青年,以至于许多年轻人觉得,'自主'这两个字是那么陌生和遥远。"其实不少人这样评价中国学生甚至大学生,但是我却不以为然。就以你为例,虽然我和你联系、交流得很多,可我从来没有"越俎代庖"也没有给你"设计人生规划",你上什么大学、学什么专业,大学以后想参军或者进入国家机关,我从来都是尊重你的意见。至于在你具体的成长过程中我和你的交流,我从来都是鼓励你积极主动地探索、前行,而且我觉得你从来——从小学到大学,也都是积极主动地探索、前行的,这次组织并参与学生会主席选举仍然是如此。你能这样我很欣慰。至于如何"积极主动",李开复老师在此信中提出了"七个步骤"——"拥有积极的态度,乐观面对人生;远离被动的习惯,从小事做起;对自己负责,把握自己的命运;积极尝试,邂逅机遇;充分准备,把握机遇;积极争取,创造机遇;积极地推销自己"。我觉得需要积极借鉴。

　　谈起写报告,我想起多次和你谈过的"写东西"的问题。你去了那里以后,参加甚至组织了几次活动,一定注意活动以前写计划,活动以后写总结,"只有不断总结才能不断提高"的道理我说过多次了,你的体会也很深。我这次提醒你的是,资料的保存和积累是很重要的。你看,很多人做了很多事,有的甚至是很有意义的事,可是最后一点资料都没有留下。当时是感受颇多,但是天长日久印象也就淡漠了。从某种角度来说,资料就是历史。所以,对于工作,形成材料并且保存下来是很重要的。你一定要记住我的这些话,多少年以后,自己的水平提高了,成熟了,也留下了历史资料,这是多么有意义的事情。千万不能因为怕费功夫而不注意积累。

　　这里已经冷了,你在那里生活上也要注意,不能太委屈自己,爸爸从小时候到参加工作,由于条件的原因,身体受了不少委屈,年龄不大,毛病却早早就出来了。现在条件好了,你不能走我的老路。

爸爸

×年×月×日

关于毕业论文的写法

×× :

你说,要写毕业论文了,而且拟定了选题。就你拟定的选题看,似乎应该写成应用研究型,而且有点研究型调查报告的味道。

毕业论文是学生从理论知识的学习到研究与创新的尝试,是从学习过程到解决问题过程的转变,看起来是考察学生的写作能力,其实是对学生学习成绩和应用能力、分析问题及解决问题能力等综合素质的检验与考察。为了帮助你写好论文,近几天我总结了一下自己这些年来写文章尤其是写专题性文稿的体会,和你谈谈我个人关于写论文的一些体会和想法。

首先,要解决写什么的问题。我的体会是,写论文,选题是关键。许多人写论文,苦于找不到合适的选题。我想,写好论文,尤其是社会科学类的毕业论文,要根据自己的专业及平时的积累诸如看过的资料、自己的想法等,并做深入的调查,因为只有这样才能获得第一手资料。在这些工作的基础上,通过探寻问题的答案也好,通过质疑他人的观点也好,找到自己应该做的选题。当然,也有通过查阅文献资料寻找研究方向,或者再深入分析找出分支做研究,甚至挖掘他人一笔带过的新颖点,做大做深继续研究的实例。

初步确定选题以后,还要注意围绕该选题查找文献资料,确定你的选题是否有人做过,避免雷同甚至重复。当然,也有从不同角度研究同一选题的情况,这对于材料、观点、方法都有更深层次的要求。我看你的选题原来没有人做过,比较新颖,对于以后的工作也有实际的参考价值,总体觉得选题可做。你说自己也做了比较深入的调查,觉得这个选题可写。这很好,只有这样做,写出来的论文才言之有物，并且符合实际情况，令人信服而且有实用价值。我曾经和报考公务员的大学生交流，发现好多人都认为申论就是一篇作文，有的人还说，申论作文算是应用文体。我对他们说，申论不是一篇普通的作文，不仅需要扎实的写作基础、透彻的分析问题和解决问题的能力，还需要深厚的社会知识做底蕴，只凭想象，写出来的东西一定是空洞无物的。

其次，论文的写作要遵循一定的规范，即格式。如果创新格式，应当符合选题的要求，让别人一看就知道是因为自己的论文需要而设计的格式，不落入俗套。当然，自己也要有底气，否则容易"出洋相"。常见的论文要素主要包括：一、论文题目（有的含副标题）；二、作者署名（署名之前要注明校、院、年级甚至专业）；三、摘要（也称"内容提要"，一般不超过300字）；四、关键词（结合标题和正文内容一般选取3～5个）；五、引言（也称"引论""绪论""序言"，是论文正文的开始），根据论文特点，可从课题来源、本课题研究进展状况、已有的研究成果、存在的问题、该选题的意义、讨论的问题、论文分几部分、从哪些方面进行讨论以及指导思想、论证方法等项目中选择介绍；六、正论，这是论文的主体部分，是对自己研究过程的完整表达，要求论点正确、鲜明，论据确凿，论证严密、逻辑性强、层次分明、表意准确，对于有新意、有争论的观点，则要说明、讲透，正论由于内容多、篇幅长，常分几部分写；七、结论（也称"结语""小结"，是论文正文的结束），是对整个研究工作的归纳、总结或概括等；八、参考资料（也称参考文献），是作者引用他人作品的有关内容的说明，诸如内容出处、作者、出版社或者杂志社及报刊名称、出版或登载日期等，除了必须注明参考资料以外，有的论文若确实得到有关人员的指导，就要在文末对指导老师以及有关人员表示感谢。

论文初稿写好后，还要注意认真通读，反复推敲，多次修改，有时候甚至要通过几个阶段的修改。我有时候把写好的东西放置一个阶段，再拿来看的时候又发现许多需要修改之处。

以上都是我的一家之言，也是一般的做法，但愿对你有借鉴价值。就个人水平看，你也可能觉得我说的过于婆婆妈妈，其实，我看过不少大学生的论文，格式或是内容真的不敢恭维。

你想做完论文以后提前回国，我也赞成，希望你先和有关部门有关领导口头谈谈，征得他们同意后再写书面报告。沟通过程中，如果他们不让你回来，你可以向他们陈述你的想法（其实也是担心或者叫作疑虑）——毕业考试以及其他问题怎么处理？如果他们有解决的办法，那就不用提前回来。如果他们让你提前回来，你最好让他们出一份书面材料,比如关于同意你提前回国的通知、意见、决定之类的书面材料,这样以后有据可查。其实按照正常程序,主管部门都会出具书面材料的。

你出国的时候也带了相关的书籍,因此,从现在开始,除了学好在那里必须学习的内容,做好必须做好的工作,撰写毕业论文,就要着手为回国以后的学习衔接做准备了,相信你心中有数。

爸爸

× 年 × 月 × 日

也谈经济危机

×× ：

　　据我判断，你对经济危机的分析有道理。我过去说"个人的前途和国家民族的命运紧紧联系在一起"，有的人不相信，你看，经济危机来了，许多人的工作和生活就受影响，这不是活生生的例证吗？在全球经济一体化程度越来越高的大背景下，这种影响是不可避免的。我们国家的经济受到冲击已成定局，但是，相信我们国家是能够平稳度过经济危机的。现在国内采取了很多拉动经济增长的措施，主要是大力发展基础设施建设，你注意看看新闻就能了解。

　　近期我看了中央一频道黄金时间播放的电视连续剧《浴血坚持》，讲的是红军长征以后受了伤的陈毅与项英带领留守部队在江西坚持打游击的经历，故事感人至深，有些情节催人泪下。看看老一辈的共产党人为了打天下付出了那么多的代价，今天的共产党人没有理由不努力。我还想到，中央电视台现在播放《浴血坚持》这样一部电视剧，对于鼓励大家坚持，渡过目前的经济危机具有积极的意义。

　　近期我也看了总结改革开放三十多年的一些书面资料，回顾中国共产党的历史可以看出，中国共产党是能够做到"实事求是""与时俱进""科学发展"的。我想，小到一个人，大到一个组织，能够做到这些，没有不发展和壮大的道理。由此也坚定了我们对国家一定能战胜经济危机的信心。

　　近期，为了应对世界性的经济危机，国际上陆续召开了很多高级别的会议，形成了一些共识，采取了一些措施。你经常浏览政府和行业网站的做法很好，这样可以随时留意国际国内的形势，培养、提高自己的判断能力，慢慢学会对形势的分析和判断，把握主流方向。

　　你设想利用业余时间组织活动，我很赞成，最好能组织一些既有我们国家的留学生又有外国学生甚至老师们参加的活动，加强交流，相互学习，共同进步。

爸爸

×年×月×日

把你当作小学生

××：

这些日子因为很忙，没有和你交流，到今天，近期的工作告一段落，我就抽时间给你发邮件。

你从国外邮寄给我的生日贺卡给我带来愉悦的心情。谢谢你的祝福。其实，只要你在那里身体健康、努力学习、积极锻炼，我们在家里就放心了，也是对我最好的祝福。

收到你发来的贺卡以后，我重点看了你写的字。这些年，我也和你谈过，你自己也注意练习，你的字基本过关了。但是以高标准看，还有差距。具体地说，一是型的问题，汉字是讲究字形的，例如所谓方块字就是指汉字的型，你写的字，字形稍加开阔，写成立着的矩形就很好了。二是笔画的力度和走势，汉字是很有讲究的。比如捺，有的讲究把它写成一波三折，实用当中倒是没有很大的必要，但是"软硬兼施"是必需的，不能把所有字都写成好像用"树枝"插起来的一样，让人看了感到生硬。汉字书写的走势主要体现在入笔、运笔和收笔的过程中，这三个过程完成得好，单一笔画的型和韵就表现得完美，每一个完美的单一笔画构成了完美的单一汉字。以收笔为例，矩形字的某一笔画，到了和其他笔画搭配好能形成矩形的时候就要收笔了。短了好像少一"截"，所谓"瘸腿"；长了，出了矩形的边框就显得"不规矩"了。第三，写好了单一汉字，还要注意整篇布局的协调。其实，无论书写哪种字体，都要注意单一笔画的力度和走势、笔画之间的协调以及整篇文字的布局。这些都是要下功夫练才能达到得心应手的程度的。我的观点是，字是文化人的脸，一定要讲究。我的体会是，练习写字不仅能提高写字的水平，还能愉悦心情或者安定心态,一举几得,何乐而不为?

今年,我送给自己最好的生日礼物就是到我生日的那一天我负责的工作正好告一段落。由于经济危机,许多行业受到影响,因此我曾经利用周六办公室安静的机会一天打几十个电话联系、协调工作。想想我也算是尽心尽力了。昨天我用了一晚上的时间起草了专题工作总结,今天修订以后发给你看看,你也给我提提意见和建议。

今天早上我突然想,你在那里不过春节,以什么为期限进行我们国内所进行的期末考试呢?告诉我,我也好了解情况。

爸爸

×年×月×日

对于三份资料的总体看法

××：

我已经把你发来的资料下载下来看了几遍，现在把我的总体意见用附件的形式给你发回去，大致和你交流一些我的观点，供你参考。

一、关于毕业论文

对于你的毕业论文，我的看法是水平提高了很多，但是解决问题的措施即所谓对策部分还要充实。不列专题写对策也可以，但起码要在存在的问题后面加上为了解决存在的问题应该采取的措施，而且要具体一点。当然，有关方面采取的相应的对策也应该说明，我这里主要说的是你个人为了解决存在的问题提出的主张，包括大的政策性对策和具体的可操作性对策——发现问题就要给出解决方案。

二、关于总结汇报

标题应该详尽，应该加上总结内容所包含的时间段，比如"某某年某某项目总结汇报"。总结属于实用文体，题目更应该一目了然。

就具体内容看，应该重点强调遵守纪律的情况。相信你一定做得很好，但是也应该写在总结中。我说过，在国外，个人的形象一定意义上就代表中国人的形象，要遵守留学生有关纪律，有损人格、国格的话不说，有损人格、国格的事不做，这是一个留学生应该做到的。

此外，以后利用电脑写东西时一定要注意插入页码。

三、关于《留学生学生会章程》

前些日子，我看了你起草的新的《留学生学生会章程》的文稿，感觉基本内容全面而且实用，写得不错，如果我一定要给你修改的话，都是小的具体问题甚至是标点符号的问题，这也是我没有及时给你发回的原因——看起来这些是小节，不改也行。但是严格说来，锦上添花不是更好？所以对待小节也不能"等闲视之"，再说，这些细节有时候能反映一个人的风格，所谓文风如人风。所以这次也一并把修改后的资料发给你。当然，如果你已经上交，就不要再改了，何况我改得也不一定正确。

近期你写的东西比较多，这是对你多年学习积累的检验，也是你的学习转入半工作性质使然。写文章，从大的方面看，要中心明确、文理通顺、格式规范；从小的方面看，版面、文字以至于标点，都要认真对待。

明天我和你妈妈就回老家过年了，我估计你们在那里也会组织一些活动吧。这是你第一次在外面过春节，希望你过得充实而有意义。另外，如果可能，尽最大努力吃上饺子，因为按照我们的习惯，没有吃水饺很难叫作过年。

作为今年的最后一封邮件，爸爸妈妈也给你拜年，一是祝愿你春节愉快，二是祝福你明年健康、进步，顺利学成回国。

爸爸

×年×月×日

邮件八〇

回国之前的特别嘱咐

××：

昨天晚上你打电话说了买表的事情，我的意见是，你没有必要说用的谁的钱——也就是你说的用我们的多少钱，用自己的多少钱。不论花谁的钱都要看看能不能花。过去我说过，自己的钱、集体的钱和国家的钱，花以前都要看看能不能花，花多少也要掂量掂量。具体地，你可以参照我的建议：看看已经参加工作的人特别是年轻职工戴的表都是什么价位的，你所买的表，价位上必须只处于中游。不要认为这是小事。我过去常说：工作要高调，生活要低调。希望你永远记住我的话。

另外，近期就要回国了，回来以前，一定把那里的学习安排好、工作交接好，也注意提前理顺回国后学习、工作、生活方面的头绪，需要在那里做准备的就做准备。

临回国之前，如果和大家聚会吃饭，一定不能喝酒。我不了解他们的习俗，如果实在必须喝，就礼节性地喝一点，借此机会和大家交流就行了。就遗传因素看，你一定也没有什么所谓的酒量，所以，不要为了面子让自己难受。再说，无论到了哪里，开始坚持不喝，以后人家也就不灌你了。其实，正规的、文明的、高层次的场合是不提倡甚至不允许多喝酒的。我看新闻，日本财务大臣（财长）中川昭一在七国集团会议的记者招待会上因"醉酒"失态，在回答问题的时候更是接连出错，回国后饱受抨击不得不宣布辞职，而且反对党不依不饶，要求继续追究麻生首相在用人问题上的失察责任。日本政治评论家指出，反对党下一步将会把目标对准麻生，将其逼向政治"死角"，从而让其输掉大选。你看，因醉酒失职，而且影响到自己所在执政党,太不值得了。尤其是都在一个单位,所谓路遥知马力,日久见人心,不是所有事情都是靠喝酒才能办成的。明白吗?

　　估计近期你很忙,我就不再多啰唆。祝你圆满结束留学生活,顺利回国。

爸爸
×年×月×日

推荐学习资料

[1] 李开复. 给中国学生的第一封信:从诚信谈起. 与未来同行(李开复文集). 北京:人民出版社,2006.

[2] 李开复. 给中国学生的第五封信:你有选择的权利. 与未来同行(李开复文集). 北京:人民出版社,2006.

大四篇

回国学习到毕业

×× : 知道你一路顺风，安全回到学校，就和你妈心里……

书信一

回国之初

× × ：

知道你一路顺风，安全回到学校，我和你妈心里都踏实了。

我想，你回校以后，是否需要做以下几项工作？

第一，向有关部门、有关领导、有关老师报到并汇报出国学习的情况，得到他们的点评，便于以后进步。同时，向他们请示对你下一步学习、工作等方面的要求，便于学习、工作等有方向、有目标。

第二，和你的同学交流，因为他们中的很多也有出国的经历，可以相互交流，相互借鉴，取长补短。另外，尤其要注意和在国内学习的同学交流，了解他们在国内学习、工作的情况，便于弥补在国外这一段耽误的学习、工作。

第三，尽快和国内原班级的学习、工作衔接上，该补的课程要抓紧时间补，便于顺利开展后续课程的学习。

第四，至于学校的工作，因为你走的时候已经移交，而且不久就要毕业，一般情况下不可再转交了。转过来转过去，既影响工作质量，又影响你和同学的学习，还有可能影响你们之间的团结。让同学们继续做，你可以力所能及地给他们以协助。

下一步要迎来毕业考试、就业考试，还有很多事情要做，希望你尽快将思想状态、生活节奏等转移到学习与工作所要求的轨道上来，圆满毕业、顺利就业。

　　关于大四期间的经典阅读，我已经说过，考虑到你很忙，而且日程安排也与前三年不同，虽然还是按前三年的模式，但是分了三个阶段——出国学习以前、在国外学习期间、回国学习到毕业，给你发去《中庸》有关资料。按照要求，这个阶段应该学习朱熹《中庸三十三章》第二十章至三十三章。我考虑了一下，变换一种学习方式——你自己找资料，把这部分内容原文书写下来，邮寄给我。我想，你抄录的过程也是学习，而且练习了写字——希望你当成书法作品来写，也算是对你多年练字的总结和检验，好吗？

　　到此为止，以"四书"为主要内容的大学期间的经典阅读（《大学》《论语》《孟子》《中庸》）就算结束了，你回忆一下，通过阅读这些传统经典文化，且不说如何影响你以后的人生，就是对你的文化积淀也应该有作用吧？中华文明是世界上唯一没有中断而延续至今的文明，这些年的学习使我深深体会到，中国传统文化博大精深，无所不包，与世界所有民族文化相比，中国传统文化更加崇尚理性，注重道德，强调社会秩序，重视族群亲情，大力提倡公德，自觉限制私欲。且不说"天人合一""和而不同"在社会发展中的借鉴意义，单纯从个人文化与道德修养以及事业心与进取心的提高方面，优秀传统文化就是取之不竭、用之不尽的源泉。这些年，除了我积极引导你学习优秀传统文化外，你已经把学习传统文化化作了个人的自觉行为，记得你在大学期间还选修了《庄子讲读》等几门传统文化课程。相信你的传统文化底蕴已经达到了一定程度，这从你写给我的信中，从你和我交流的一些观点中可见一斑。

　　你还记得大一开始，我第一次给你邮寄《大学》时说的话吗？——必须在继承和发扬传统经典（优秀）文化的基础上树立和坚持当代社会主流价值观。这样的观点希望你保持下去，若能如此，将会一生受益，甚至能将此"益"流传后世。

　　在你的四年大学生活即将圆满结束的时候，让我们一起向滋养我们成长的中国优秀传统文化致敬！

爸爸

×年×月×日

书信二

写在大学生活的最后一个"五一"

××：

我个人考虑，你回国以后到毕业的阶段可以分为两个时间段安排：回来以后到"五一"；"五一"以后到毕业。我本来想"五一"以后再给你写信的，又考虑到假期你的时间可能宽松一点，可以仔细一点看我的信以及阅读附寄的资料，加上惯例——提醒你过好假期，就在假期以前给你写信了。

我想，你回来这一段时间，作息时间的适应，学习、工作等各方面的衔接，都已经差不多了吧，如果还有哪些需要弥补的，"五一"假期就是最好的机会，你可以利用假期这几天"打补丁"，便于假期后集中精力处理毕业应该处理的问题。另外，你还可以利用假期这几天冷静地考虑一下，假期后到毕业以前学习、工作、生活等各方面需要做哪些安排，列出计划。

毕业在即，需要花钱的地方一定比平时多，你注意列出开支计划以后告诉我，我会在假期中把钱充到你的卡上去。重复老话一句：该花的钱一定要花。

大一开始，我给你附寄了李开复的《给中国学生的第四封信：你的大学应当这样度过》。从我读到的资料看李开复共计给中国学生写了七封信，你回忆一下，我还给你附寄过《从诚信谈起》《选择的智慧》《你有选择的权利》《21世纪最需要的7种人才》《做最成功的自己》，那是他写给中国大学生的第一、第三、第五、第六、第七封信，这样算来，他写给中国大学生的七封信，我已经推荐你学习了六封，只剩下第二封《从优秀到卓越》。在你大学生活即将结束的时候，我把这第二封信附寄给你。"在第一封信里所提到的个人素质或'价值观'是成材的必要的基础。这'给中国学生的第二封信'是为那些希望不断提高自己，不断学习事业成功所必需的基本技能和领导艺术的人所写的。"第一部分重申了第一封信中讨论过的有关个人素质的话题；第二部分阐释了领导能力中最重要的情商；第三部分给出了卓越的领导所必须具备的、有别于普通人的基本特质。"即"谦虚""执着"和"勇气"——"谦虚使人进步。许多领导者在工作中唯我独尊，不能听取他人的规谏，不能容忍他人和自己意见相左，这些不懂得谦虚谨慎的领导者也许可以取得暂时的成功，但却无法在事业上不断进步，达到卓越的境界。""执着是指我们坚持正确方向，矢志不移的决心和意志。无论是公司也好，还是个人也好，一旦认明了工作的方向，就必须在该方向的指引下锲而不舍地努力工作。在工作中轻言放弃或者朝三暮四的做法都不能取得真正的成功。""成功者需要有足够的勇气来面对挑战。任何事业上的成就都不是轻易就可以取得的。一个人想要在工作中出类拔萃，就必须面对各种各样的艰难险阻，必须正视事业上的挫折和失败。只有那些有勇气正视现实，有勇气迎接挑战的人才能真正实现超越自我的目标，达到卓越的境界。"

关于此次附寄的资料，你可以这样理解我的用意：优秀是大学期间的表现——爸爸妈妈对你的肯定；卓越是到了社会的以后的成绩——爸爸妈妈对你的期望。

到此为止，你四年大学时间聆听了"成功学大师"李开复对中国大学生的全部教诲。如果你用心学习了、领会了，并能在自己的学习和今后的工作中借鉴，相信会对你走向成功有所裨益。

其实，我在学习李开复老师这些信件的过程中同样受益匪浅——对我个人的思想进步和工作开展确确实实起到了明显的促进作用。在你四年大学生活即将圆满结束的时候，让我们一起向李开复老师致敬！

爸爸

×年×月×日

书信三

写在毕业季

××：

得到你被评为优秀毕业生的消息，我和你妈妈都感到十分欣慰，这是对你四年大学最高的评价。四年前，你刚入校的时候，虽然在同龄人中也是优秀的，但是毕竟还是一个初出茅庐的孩子。四年来，除了老师们的呕心沥血培育及同学们的大力支持，你自己也付出了刻苦的努力，思想、政治、学业，生活、做人、体魄，都发生了质的飞跃。四年后的今天，你已经成长为一名优秀的大学毕业生，这是家长梦寐以求的。中国的家长往往把自己的希望寄托在下一代身上，把自己的遗憾通过孩子的成功来弥补，我也不例外。所以多年来我把自己的经历尤其是自己的教训不厌其烦地对你唠叨，这其实寄托了我对你的殷切期望，起码到目前来看，你的层次达到了我的期望值。

根据我了解的情况，在毕业之际，你的大多数同学的就业问题都已经解决或者有了目标。这也是我感到很欣慰的，记得在你刚上大学的时候，我在写给你的信中提到：大学教育的目的在于通过大学培养的人去改变社会。职业就是一个人改变社会的载体之一。我个人的观点是，只要自己愿意做的工作就是好工作。另外，你们老师说的一句话很对：不在于你做什么，在于你能不能做好什么。我后来根据自己的体会又加了一句：不在于你在哪里干，在于你能不能在那里好好干。我看，如果能身体力行地去实践这两句话，或早或晚或大或小，一定会有成绩，一定会为社会的进步做出贡献。希望你把我的意思和同学们交流。

记得奥运会后，你将参加志愿者的感受写了一篇博文，描述了自己的不舍之情，现在毕业了，真的要和母校、老师、同学们说再见了。四年大学，你们师生之间、同学之间,结下了深厚的友谊。你作为主要的学生干部,应该更是如此。相信你在走出校门之前,会真诚地和老师、同学们告别,对我们有"恩"的人,要向人家道谢,和我们有"怨"的人,要向人家道歉,起码要利用可能是最后的机会和人家交流、向人家解释。我的一贯观点:对我们有恩的人,我们要记住,记住的目的是有机会报答,没有机会也在心里感激;对我们有怨的人,我们也要记住,记住的目的是找出自己的不足,找机会弥补过失,以后不再犯同类错误,如果是人家误解了我们,除了时间是最好的证明人,我们也可以找机会消除误会。对于支持我们的人要感谢,因为他们的支持使我们的力量或决心或勇气强大了,做出了成绩;对于反对我们的人要感激,因为他们的反对,我们更加慎重,在前进的道路上更加顺利。

我对你唠叨了二十年,许多话都是重复甚至是反复重复的,可是在你即将大学毕业的时候还是觉得有许多话想对你说,如鲠在喉不吐不快,又觉得头绪纷乱、无从说起,还觉得你的水平已经达到了一定的层次,我的话有些权威性削弱、软弱无力甚至多余。但是总觉得有些话,还是要在你离开学校走向社会以前对你说。

结合我毕业以后的经历以及现在社会上很多人的心态,我想得最多的就是,年轻人到了社会上容易急功近利、急于求成,短期内没有收获就容易泄气,就容易改弦更辙甚至走下坡路,这也是你到了社会以后我最担心的问题。当然,你上学期间,我也对你进行过这方面的教育,你还记得我说的话吗?最优秀的人是那些在困难和挫折面前百折不挠而且取得了成就的人。一个人要有成就,往往需要付出几年、十几年甚至几十年的努力,没有很好的定力是不行的。写到这里,我想起诸葛亮的《诫子书》中的话"淡泊明志,宁静致远"。从古至今,尤其是在目前的社会状态下,要做到"淡泊明志,宁静致远"真的很不容易,但是,凡是那些心浮气躁、急功近利,甚至利欲熏心的人,都是很难成就事业的,更是绝对走不远的。人的一生,名利可求但不能苛求,生活讲究但不能享受,低调做人但不是随波逐流、逍遥自在;既要志存高远、事业为重,又要脚踏实地、持之以恒。你想,在有了长远目标以后,一步一个脚印地前行,几年、十几年、几十年,谁敢说我们就是不能成功?

像上面说的,现在再和你交流,觉得你的水平已经达到了一定的层次,我的话有些权威性削弱、软弱无力甚至多余。其实在你刚上大学的时候,我就对你说过,我感觉以我的阅历、所受的教育、现有的水平,很难指导你达到更高的层次,所以,我除了给你写信,尽可能地多给你邮寄了一些资料。这封信作为你四年大学我写给你的最后一封信,还是借用一些"名人名言"来和你交流。近期在青年中比较流行清华大学校长顾秉林留给毕业生的一段话:"未来的世界:方向比努力重要,能力比知识重要,健康比成绩重要,生活比文凭重要,情商比智商重要!"我读了中国网(2008-07-08)哈佛首位女校长福斯特《在 2008 届本科生毕业典礼上的讲话》后很有感触,这篇讲话的中心议题是讨论如何选择成功与幸福的人生目标。讲话中"你们之所以焦虑,是因为你们既想活得有意义,又想活得成功"以及"先到你想去的地方,然后再到你应该去的地方"的观点,值得玩味。我的理解是,为了"既想活得有意义,又想活得成功"就不能"浮躁";"想去的地方"可以看成是职业,"应该去的地方"可以看成是你能达到的层次。我从同事那里找来英语原文随信附寄给你,希望你好好读读。这不仅考验了你的英语水平,相信也会令你有深刻的感悟。

最后,还要提醒你,你毕业后还要参加应聘考试,一定不能掉以轻心,毕业事宜处理完毕,就要马上转入此次考试的备考。除了答案以外,书写的问题、卷面的问题,都要注意,要以优异的成绩踏入新的工作单位、新的工作岗位。

经过四年大学的历程,你将以优秀的成绩走向社会,相信经过若干年的努力,你也一定会以卓越的成绩奉献社会!

爸爸

×年×月×日

●•·· 附寄学习资料

Drew Gilpin Faust: Baccalaureate address to Class of 2008

In the curious custom of this venerable institution, I find myself standing before you expected to impart words of lasting wisdom. Here I am in a pulpit, dressed like a Puritan minister — an apparition that would have horrified many of my distinguished forebears and perhaps rededicated some of them to the extirpation of witches. This moment would have propelled Increase and Cotton into a true "Mather lather." But here I am and there you are and it is the moment of and for Veritas.

You have been undergraduates for four years. I have been president for not quite one. You have known three presidents; I one senior class. Where then lies the voice of experience? Maybe you should be offering the wisdom. Perhaps our roles could be reversed and I could, in Harvard Law School style, do cold calls for the next hour or so.

We all do seem to have made it to this point — more or less in one piece. Though I recently learned that we have not provided you with dinner since May 22. I know we need to wean you from Harvard in a figurative sense. I never knew we took it quite so literally.

But let's return to that notion of cold calls for a moment. Let's imagine this were a baccalaureate service in the form of Q &A, and you were asking the questions. "What is the meaning of life, President Faust? What were these four years at Harvard for? President Faust, you must have learned something since you graduated from college exactly 40 years ago?" (Forty years. I'll say it out loud since every detail of my life — and certainly the year of my Bryn Mawr degree — now seems to be publicly available. But please remember I was young for my class.)

In a way, you have been engaging me in this Q &A for the past year. On just these questions, although you have phrased them a bit more narrowly. And I have been trying to figure out how I might answer and, perhaps more intriguingly, why you were asking.

Let me explain. It actually began when I met with the UC just after my appointment was announced in the winter of 2007. Then the questions continued when I had lunch at Kirkland House, dinner at Leverett, when I met with students in my office hours, even with some recent graduates I encountered abroad. The first thing you asked me about wasn't the curriculum or advising or faculty contact or even student space. In fact, it wasn't even alcohol policy. Instead, you repeatedly asked me: Why are so many of us going to Wall Street? Why are we going in such numbers from Harvard to finance, consulting, i-banking?

There are a number of ways to think about this question and how to answer it. There is the Willie Sutton approach. You may know that when he was asked why he robbed banks, he replied, "Because that's where the money is."Professors Claudia Goldin and Larry Katz, whom many of you have encountered in your economics concentration, offer a not dissimilar answer based on their study of student career choices since the seventies. They find it notable that, given the very high pecuniary rewards in finance, many students nonetheless still choose to do something else. Indeed, 37 of you have signed on with Teach for America; one of you will dance tango and work in dance therapy in Argentina; another will be engaged in agricultural development in Kenya; another, with an honors degree in math, will study poetry; another will train as a pilot with the USAF; another will work to combat breast cancer. Numbers of you will go to law school, medical school, and graduate school. But, consistent with the pattern Goldin and Katz have documented, a considerable number of you are selecting finance and consulting. The Crimson's survey of last year's class reported that 58 percent of men and 43 percent of women entering the workforce made this choice. This year, even in challenging economic times, the figure is 39 percent.

High salaries, the all but irresistible recruiting juggernaut, the reassurance for many of you that you will be in New York working and living and enjoying life alongside your friends, the promise of interesting work — there are lots of ways to explain these choices. For some of you, it is a commitment for only a year or two in any case. Others believe they will best be able to do good by first doing well. Yet, you ask me why you are following this path.

I find myself in some ways less interested in answering your question than in figuring out why you are posing it. If Professors Goldin and Katz have it right; if finance is indeed the "rational choice," why do you keep raising this issue with me? Why does this seemingly rational choice strike a number of you as not understandable, as not entirely rational, as in some sense less a free choice than a compulsion or necessity? Why does this seem to be troubling so many of you?

You are asking me, I think, about the meaning of life, though you have posed your question in code — in terms of the observable and measurable phenomenon of senior career choice rather than the abstract, unfathomable and almost embarrassing realm of metaphysics. The Meaning of Life — capital M, capital L — is a cliché — easier to deal with as the ironic title of a Monty Python movie or the subject of a Simpsons episode than as a matter about which one would dare admit to harboring serious concern.

But let's for a moment abandon our Harvard savoir faire, our imperturbability, our pretense of invulnerability, and try to find the beginnings of some answers to your question.

I think you are worried because you want your lives not just to be conventionally successful, but to be meaningful, and you are not sure how those two goals fit together. You are not sure if a generous starting salary at a prestigious brand name organization together with the promise of future wealth will feed your soul.

Why are you worried? Partly it is our fault. We have told you from the moment you arrived here that you will be the leaders responsible for the future, that you are the best and the brightest on whom we will all depend, that you will change the world. We have burdened you with no small expectations. And you have already done remarkable things to fulfill them: your dedication to service demonstrated in your extracurricular engagements, your concern about the future of the planet expressed in your vigorous championing of sustainability, your reinvigoration of American politics through engagement in this year's presidential contests.

But many of you are now wondering how these commitments fit with a career choice. Is it necessary to decide between remunerative work and meaningful work? If it were to be either/or, which would you choose? Is there a way to have both?

You are asking me and yourselves fundamental questions about values, about trying to reconcile potentially competing goods, about recognizing that it may not be possible to have it all. You are at a moment of transition that requires making choices. And selecting one option — a job, a career, a graduate program — means not selecting others. Every decision means loss as well as gain — possibilities foregone as well as possibilities embraced. Your question to me is partly about that — about loss of roads not taken.

Finance, Wall Street, "recruiting" have become the symbol of this dilemma, representing a set of issues that is much broader and deeper than just one career path. These are issues that in one way or another will at some point face you all — as you graduate from medical school and choose a specialty — family practice or dermatology, as you decide whether to use your law degree to work for a corporate firm or as a public defender, as you decide whether to stay in teaching after your two years with TFA. You are worried because you want to have both a meaningful life and a successful one; you know you were educated to make a difference not just for yourself, for your own comfort and satisfaction, but for the world around you. And now you have to figure out the way to make that possible.

I think there is a second reason you are worried — related to but not entirely distinct from the first. You want to be happy. You have flocked to courses like "Positive Psychology" — Psych 1504 — and "The Science of Happiness" in search of tips. But how do we find happiness? I can offer one encouraging answer: get older. Turns out that survey data show older people — that is, my age — report themselves happier than do younger ones. But perhaps you don't want to wait.

As I have listened to you talk about the choices ahead of you, I have heard you articulate your worries about the relationship of success and happiness — perhaps, more accurately, how to define success so that it yields and encompasses real happiness, not just money and prestige. The most remunerative choice, you fear, may not be the most meaningful and the most satisfying.But you wonder how you would ever survive as an artist or an actor or a public servant or a high school teacher? How would you ever figure out a path by which to make your way in journalism? Would you ever find a job as an English professor after you finished who knows how many years of graduate school and dissertation writing?

The answer is: you won't know till you try. But if you don't try to do what you love — whether it is painting or biology or finance; if you don't pursue what you think will be most meaningful, you will regret it. Life is long. There is always time for Plan B. But don't begin with it.

I think of this as my parking space theory of career choice, and I have been sharing it with students for decades. Don't park 20 blocks from your destination because you think you'll never find a space. Go where you want to be and then circle back to where you have to be.

You may love investment banking or finance or consulting. It might be just right for you. Or, you might be like the senior I met at lunch at Kirkland who had just returned from an interview on the West Coast with a prestigious consulting firm. "Why am I doing this?" she asked. "I hate flying, I hate hotels, I won't like this job." Find work you love. It is hard to be happy if you spend more than half your waking hours doing something you don't.

But what is ultimately most important here is that you are asking the question — not just of me but of yourselves. You are choosing roads and at the same time challenging your own choices. You have a notion of what you want your life to be and you are not sure the road you are taking is going to get you there. This is the best news. And it is also, I hope, to some degree, our fault. Noticing your life, reflecting upon it, considering how you can live it well, wondering how you can do good: These are perhaps the most valuable things that a liberal arts education has equipped you to do. A liberal education demands that you live self-consciously. It prepares you to seek and define the meaning inherent in all you do. It has made you an analyst and critic of yourself, a person in this way supremely equipped to take charge of your life and how it unfolds. It is in this sense that the liberal arts are liberal — as in liberare — to free. They empower you with the possibility of exercising agency, of discovering meaning, of making choices. The surest way to have a meaningful, happy life is to commit yourself to striving for it. Don't settle. Be prepared to change routes. Remember the impossible expectations we have of you, and even as you recognize they are impossible, remember how important they are as a lodestar guiding you toward something that matters to you and to the world. The meaning of your life is for you to make.

I can't wait to see how you all turn out. Do come back, from time to time, and let us know.

推荐学习资料

［1］ 李开复. 给中国学生的第二封信：从优秀到卓越. 与未来同行（李开复文集）.
　　 北京：人民出版社，2006.
［2］ 福斯特. 在哈佛 2008 届本科生毕业典礼上的讲话. 中国网，2008-07-08.

后　记

　　先说说本书的成因。由于职业的关系，除了学生，我也常常和家长打交道，天长日久，感悟颇多，习惯所致，断断续续写下了一些所谓家庭教育心得之类的只言片语。也是习惯所致，喜欢以书信的形式和家族中在外地求学的晚辈交流，尤其是他们遇到需要指导的问题时，我担心电话里说几句"放下听筒就忘了"，更是注意书面交流。还是习惯所致，喜欢把个人工作、学习和生活过程的经历以及所思所想变成"豆腐块"。除此以外，在政治思想、教育理论的学习和闲暇之余的阅读过程中也收集、积累了一些资料。感悟也罢，交流也罢，资料也好，罗列到一定数量，觉得成了体系，必要的时候就拿出来示人，借给学生甚至家长阅读、参考，希望借阅者能从中受到一两分启发。读过的人一般都评价"有借鉴价值"，而且不断有借阅者鼓动我"出书""让更多的人借鉴"。于是我一边继续感悟、继续交流、继续积累，一边开始整理，希望真的能"出书"，希望真的能"让更多的人借鉴"。但是由于种种原因，一直未能如愿。今年春天，遇到中国石油大学出版社何峰社长一行，被他们执着事业的责任心感动，经过反复考虑，把尚未成型的资料给何社长，出版社觉得有必要"出书""让更多的人借鉴"，经过编辑的精心、苦心付出，成书了。

　　至于书的体例，之所以采用书信集（其中有一部分邮件算是电子书信）的形式编写出版，因为初稿中不少的篇幅是写给家族中"在外地求学的晚辈"的书信，受此启发的结果吧。另外，考虑到大学生求学尤其是来自基层的大学生求学期间一般都是远离父母，以书信的形式编辑出版，读来易感亲切，而且也适合中国传统文化的风格。第三，在通信技术发达的今天，以书信的形式出版此书，也是抛砖引玉，启发人们注意资料的留存，当然留存的形式可以根据条件自便。

至于书的内容,借用原山东省委高校工委副书记田建国教授为本书所写的"序"中的话,无非是家长在四年大学的过程中,从思想、做人、生活、学习、工作等诸方面,尤其是当孩子面临具体问题的时刻给孩子以针对性的指导。需要特别表达的是,鉴于积极提倡学习经典的指导思想,本书信集"按照从大一到大四的顺序,以多种形式依次安排了《大学》《论语》《孟子》《中庸》的学习任务",给出了部分经典资料,这里,向致力于编辑、弘扬经典传统文化的前辈和今人致敬,向编辑本书所引经典资料的有关人员表示衷心感谢。此外,本书信集"把'成功大师'李开复写给中国大学生的系列书信结合大学生活的历程穿插在相应位置一一做了介绍",在此,向李开复老师表示衷心感谢并致以崇高的敬意。第三,在有关书信中还引用了其他相关资料,在有关书信后面还附寄了其他相关资料,在每学期书信后列出了推荐阅读的相关资料。在此,向所有文献资料的原作者、杂志社、出版社、网站表示衷心感谢并致以崇高的敬意。

最后,向在百忙中不吝赐教,且为本书写"序"的田建国教授表示衷心感谢并致以崇高的敬意。

但愿本书真的成为"既适合家长也适合学生阅读的书"。

杜克生